행복한 생각

나에게 들려주는 응원과 격려의 메시지

행복한 생각

루이스 L. 헤이 지음 · 구승준 옮김

한문화

마음에 바치는 헌사

우리가 가진 힘은 우리의 마음으로부터 온다.
사랑 가득한 마음으로 생각할 때
우리는 삶을 보다 쉽고 풍요롭게 창조할 수 있으리라.

이제 당신의 그 힘을 되찾으라.

이 책을 읽기 전에

《행복한 생각》에는 내가 그동안 강의해 온 내용 외에도 다양한 명상법과 영적인 치유법에서 참고한 내용들이 담겨 있다. 한 편 한 편 글을 쓰는 내내 우리가 날마다 일상적으로 겪는 경험에 초점을 맞추려고 노력했다. 그리고 이 글들이 우리가 어려움에 부딪쳤을 때 우리에게 지혜와 용기를 줄 수 있도록 노력했다.

어려움에 부딪치거나 억울하다는 감정이 들 때, 우리는 자기도 모르게 스스로를 소외시키곤 한다. 고통스럽고 화가 날 때면 우리를 구해 줄 누군가를, 우리를 위해 기꺼이 무엇이든 할 수 있는 누군가를 간절히 바란다. 정작 나 자신은 그 상황에서 소외시키는 것이다.

하지만 우리는 억울하게 당한 패배자로서가 아니라, 어려움 속에서도 스스로를 격려하며 삶을 살아갈 수 있는 사람이다. '내적 자아'라는 것과 통하기 시작하면, 우리 삶의 질은 저절로 높아질 것이다. 우리 안에는 엄청난 능력이 잠재되어 있다. 그것을 끄집어낸다면, 다른 누구에게도 의지할 필요 없이 우리 삶을 긍정적으로 변화시킬 수 있다. 얼마나 멋진 일인가! 믿을 수 없을 정도로 자유로워지는 느낌이 들지 않는가?

어떤 사람들은 이런 갑작스러운 해방감이 놀랍고 당황스러울 것이다. 주체적으로 변한다는 일이 부담스러울 수도 있다. 그러나 우리는 새로운 시대, 새로운 질서로 나아가고 있다. 나의 문제에 대해 외부의 다른 대상이나 초월적인 존재에게서 답을 구하는 오래된 신념과 습관을 버려야 할 때다.

그러자면 우리는 먼저 인내심을 가져야 한다. 당신이 생각의 주체성을 가지기로 결심한 때부터 그것을 실행에 옮길 때까지, 과거의 습관을 중단하며 인내심을 가져야 한다. 과거의 방식에 휩쓸려서는 안 된다. 그렇다고 자신에게 화내지도 마라. 당신은 자기 자신을 새롭게 창조하려는 것이지, 스스로를 괴롭히려는 것이 아니다. 과거의 자신과 새롭게 창조하려는 미래의 자신 사이에 끼여 어쩔 줄 모르는 기분이 들 때 이 책을 펼치기 바란다. 스스로 새로운 변화를 실천할 수 있다는 걸 확신하게 될 때까지 날마다 이 책의 다양한 처방을 참고할 수 있을 것이다.

당신이 언제나 안전하다는 것을 명심하라. 지금은 그렇게 보이지 않을 수도 있지만, 언제나 완벽할 정도로 당신을 위한 인생이었다는 것을 이 책을 통해 알게 될 것이다. 과거의 낡은 질서에서 새로운 질서로 평화롭고 안전하게 나아갈 수 있음을 명심하라.

이제 깨어날 시간이다.

당신을 사랑하는
루이스 L. 헤이

차 례

6 • 이 책을 읽기 전에

12 • **가족**
나는 가족을 사랑으로 축복한다

14 • **감정**
나는 언제나 안전하다

16 • **거절**
나는 내게 가장 좋은 것만 받아들인다

18 • **건강 1**
몸이 전하는 메시지에 귀 기울여라

20 • **건강 2**
몸, 마음, 정신은 건강을 위한 한 팀이다

22 • **관계**
내가 맺는 모든 관계는
'사랑의 원'으로 둘러싸여 있다

24 • **나 바라보기**
나는 내면에서 무슨 일이 일어나는지
주의를 기울인다

26 • **내면의 아이 1**
나는 지금의 나를 온전히 사랑한다

28 • **내면의 아이 2**
내면의 아이를 사랑으로 끌어안으라

30 • **돈**
내 수입은 지속적으로 늘어난다

32 • **두려움**
나는 언제나 완벽하게 보호받고 있다

34 • **만족**
나는 있는 그대로 완전하다

36 • **말의 힘**
나는 긍정적으로 말하고 생각한다

무한한 능력 • 38
나에겐 무한한 잠재력이 있다

믿음 • 40
나는 지고한 힘과 연결된 존재다

바른 행동 • 42
나는 바른 길을 간다

방황 • 44
나는 내 안에 있는 지혜를 믿는다

배움 • 46
나는 날마다 새로운 것을 배운다

버리기 1 • 48
조건부로 요구하는 습관을 버려라

버리기 2 • 50
나는 충분히 괜찮은 사람이다

변화 1 • 52
나는 어떤 변화든 쉽게 이룰 수 있다

변화 2 • 54
한쪽 문이 닫히면 또 다른 문이 열리는 법이다

변화 3 • 56
나는 변화할 준비가 되어 있다

변화 4 • 58
나는 기꺼이 변화하고 성장할 것이다

복수 • 60
해묵은 상처를 흘려보내고,
스스로를 용서하라

부모 • 62
나는 스스로 결정한다

부정적인 생각 • 64
나는 이제부터 내 장점만을 보겠다

부정적인 생각 극복하기 • 66
나는 내가 훌륭하며 위대하다고 느낀다

68 • 분노 1
과거를 편안하게 놓아주라,
삶의 흐름을 믿으라

70 • 분노 2
마음껏 '나 자신'이 돼라

72 • 비만 1
나는 안전하고 또 안전하다

74 • 비만 2
나는 내면의 두려움을 기꺼이 떨치겠다

76 • 비판 1
나는 내가 나라서 좋다

78 • 비판 2
나는 있는 그대로의 나를 사랑하고 받아들인다

80 • 사고
나를 긍정적으로 표현하라

82 • 사랑 1
내 사랑에는 한계가 없다

84 • 사랑 2
나는 사랑받을 만한 사람이다

86 • 새로운 것에 마음 열기 1
나는 삶의 새로운 문을
열어젖힐 것이다

88 • 새로운 것에 마음 열기 2
나의 모든 경험은 내게 꼭 필요한 것이다

90 • 새해 다짐
나는 올해 변화하기 위해 마음을 다하겠다

92 • 생각
나는 늘 긍정적인 생각을 한다

94 • 생각 바꾸기
그것은 단지 생각일 뿐이며,
생각은 바뀔 수 있다

서로 사랑하는 세상 • 96
서로 사랑하는 세상을 만드는 데
협력하라

선언 1 • 98
나는 치유로 가는 길에 있다

선언 2 • 100
나는 언제나 마음을 열고 받아들인다

선언 3 • 102
내 안에 있는 신념을 알아차려라

선택과 의무 • 104
모든 일은 내가 선택한 것이다

성공 • 106
나는 언제나 놀라운 선물을 받는다

성장 • 108
나는 무조건적으로 나를 사랑한다

성탄절 • 110
사랑이 나를 통해 흐르게 하라

수용 1 • 112
나의 모든 것을 받아들인다

수용 2 • 114
내가 창조한 것을 받아들인다

수축과 팽창 • 116
나는 사랑으로 숨 쉬며, 생명과 더불어 흐른다

순수의식 • 118
나는 순수의식이다

슬픔 1 • 120
죽음은 없다

슬픔 2 • 122
나는 사랑의 빛을 빛나게 할 것이다

승리 • 124
나는 타고난 승자다

126 • 시간
기회는 지금뿐이다

128 • 신념
나는 새롭고 멋진 나만의 신념을 창조한다

130 • 신성한 섭리 1
나는 적절한 자리에 있다

132 • 신성한 섭리 2
내게 필요한 모든 일은 가장 적절한 순간,
가장 적절한 곳에서 일어난다

134 • 실수
나는 실수를 통해 발전한다

136 • 아버지
나는 아버지에게 따스한 연민을 느낀다

138 • 아이들
나는 아이들과 '열린 마음'으로 대화한다

140 • 어린 시절
이제 나의 미래를 창조한다

142 • 어머니
나는 원하는 인생을 살 권리가 있다

144 • 에너지
나는 건강하며 생기 넘친다

146 • 영원한 삶
나는 영원으로 가는 끝없는 여행길 위에 있다

148 • 완성
오늘은 완성의 날이다

150 • 용서
나는 과거의 모든 것을 용서한다

152 • 우리는 하나 1
나는 모든 생명체와 연결되어 있다

154 • 우리는 하나 2
나는 지구에 사는 모든 사람과 하나다

원망 • 156
나는 사랑에 이끌린다

유일무이한 존재 • 158
나는 둘도 없는 존재다

의무 • 160
나에겐 언제나 선택권이 있다

일 • 162
나는 내가 정말로 즐기는 일을 한다

일자리 • 164
자신이 하고 있는 일을 축복하라

일터 • 166
내가 일하는 곳은 완벽하다

일터에서의 조화 • 168
나는 진리와 평화의 중심에 있다

자격 1 • 170
나는 좋은 것을 누릴 자격이 있다

자격 2 • 172
나는 행복할 자격이 있다

자연재해 • 174
나는 자연과 조화를 이룬다

자유 • 176
나는 자유로운 존재다

잠 • 178
나는 근심을 내려놓고 평화롭게 잠이 든다

잠재의식 • 180
내 인생은 기쁨이다

재미 • 182
나는 원하는 일을 할 수 있다

정신 • 184
정신은 무한하며 또 영원하다

186 • **조건 없는 사랑**
나는 지금 그대로의 나 자신을
사랑하고 받아들인다

188 • **조화**
나는 조화로운 존재다

190 • **죄의식**
어떤 잘못을 했든 자신을 용서하라

192 • **지구 공동체**
이 세상은 지상 천국이다

194 • **지혜**
내면의 지혜를 따르라

196 • **직업 1**
우리가 하는 일은 모두 신의 섭리다

198 • **직업 2**
우리가 하는 일은 번영하게 되어 있다

200 • **직업 3**
우리가 하는 일은 모두 신의 일이다

202 • **집**
내 집은 평화로운 안식처다

204 • **책임**
나는 기꺼이 책임을 감당하겠다

206 • **치유**
나는 모든 차원에서 나를 치유할 수 있다

208 • **치유 에너지 1**
내 존재를 빛으로 반짝이게 하라

210 • **치유 에너지 2**
나는 기적을 끌어당기는 자석이다

212 • **치유하는 손**
내 손은 강력한 치유 도구다

214 • **치유하는 손길들**
나를 만지는 손은 모두 '치유하는 손'이다

칭찬 • 216
나는 언제나 모든 일에 적합하다

타인 • 218
나는 다른 사람을 있는 그대로 받아들인다

편안해지기 • 220
나는 평화롭다

평화 • 222
나는 평화의 중심에 있다

표현 1 • 224
나는 '진정한 나'를 표현한다

표현 2 • 226
나는 내가 누구인지 마음껏 표현한다

풍요 • 228
나는 언제나 긍정한다

한계 • 230
나는 풍요롭고 충만한 인생을
살아갈 것을 선언한다

한계를 넘어서기 • 232
나는 내 안에 있는 모든 가능성을 경험한다

해결책 • 234
모든 문제에는 해결책이 있다

협력 • 236
우리 각자는 조화로운 전체의 한 부분이다

흘려보내기 1 • 238
나는 조건부적인 욕구를 기꺼이 버린다

흘려보내기 2 • 240
나는 편안한 마음으로 나의 과거를 흘려보낸다

옮긴이의 말 • 242

가족에게 사랑과 인정을 받고 싶으면
먼저 그들을 사랑하고 인정해줘야 한다.

If you want love and acceptance
from your family,
then you must have love
and acceptance for them.

가족

나는 가족을 사랑으로 축복한다

모든 가족이 우리처럼 애틋한 가정을 이룬 것은 아니다. 모든 가족이 우리 가족처럼 마음을 활짝 열 수 있는 기회를 가진 것도 아니다. 우리는 이웃이나 사회의 편견 따위에 구애받지 않는다. 우리 가족은 그 한계를 뛰어넘는다. 우리는 사랑으로 맺어진 가족이며, 가족 한 사람 한 사람이 모두 특별한 존재임을 자랑스럽게 받아들인다. 나는 특별한 존재며, 사랑받을 자격이 있다. 나는 나의 멋진 가족, 그 한 사람 한 사람을 모두 사랑하고 인정하며, 그들도 나를 사랑하고 존중한다. 나는 안전하다. 내가 사는 세상에는 모든 것이 순조롭다.

지난날 가졌던 신념에 대해
감정적으로 집착하지 마라.
과거의 신념 때문에
현재의 자신이 다치지 않도록 하라.
지금 이 순간을 충만하게 산다면
과거에 어떤 일을 겪었든
과거로 인해 상처받지 않을 것이다.

Release the emotional attachment
to beliefs from the past
so that they don't hurt you now.
If you live fully in the moment,
you cannot be hurt by the past,
no matter what it was.

감정

나는 언제나 안전하다

감정을 억누르거나, 뭔가를 털어버리지 못한 채 쌓아두지 마라. 그것은 마음에 황무지를 만드는 일이다. 감정을 마음껏 누릴 수 있도록 자신을 충분히 사랑하라. 알코올중독처럼 무언가에 중독되면 자신의 감정을 드러내지 못하고 감추게 된다. 그러면 감정을 마음껏 느끼거나 누리지 못한다. 자신의 감정이 바깥으로 표현되도록 해야 한다. 그러기 위해서는 우선 마음속에서 해묵은 감정을 털어내야 한다. 이 일을 쉽고, 매끄럽고, 편안하게 하려면 자기 선언을 해 보라. 나의 진실한 감정을 느끼겠노라고 선언하라. 그리고 무엇보다 중요한 것은 나는 언제나 안전하다고 스스로에게 말하는 것이다.

"아니오"라고
말하지 못하는 사람들이 있다.
최악의 상황이 되어서야
"아니오"라고 말하면
그때는 이미 늦다.

Some people don't know
how to say "no".
The only way they know
how to say "no",
is to be ill.

거절

나는 내게 가장 좋은 것만 받아들인다

누군가가 펄펄 끓고 있는 솥에서 뜨거운 감자를 건져서 나에게 획 던진다면 어떻게 하겠는가? 손을 델지도 모르는데 손으로 받겠는가? 그렇게까지 하면서 감자를 받아야 할 이유는 없다. 그냥 피하기만 하면 된다. 무엇이든 나에게 해를 입히는 것은 거절할 수 있다. 심지어 선물까지도 말이다. 사람들은 의외로 거절하기를 어려워한다. 하지만 자신이 거절할 수 있다는 걸 알고 나면 마음이 편안해진다.

삶의 모든 것이 그렇듯
몸도 내면의 생각과 신념을
반영하는 거울이다.
내가 하는 생각 하나하나에
내가 하는 말 하나하나에
내 모든 세포가 반응한다.

The body,
like everything else in life,
is a mirror of your inner thoughts and beliefs.
Every cell responds
to every single thought you think
and every word you speak.

건강 1

몸이 전하는 메시지에 귀 기울여라

변화무쌍한 이 세상에서 나는 모든 분야에 걸쳐 기꺼이 융통성을 발휘하고자 한다. 내 삶과 내가 사는 세상을 질적으로 향상시키기 위해 나는 나 자신과 나의 신념을 변화시킨다. 내가 몸을 어떻게 다루든지 상관없이 내 몸은 나를 사랑한다. 내 몸은 나와 소통한다. 이제 내 몸이 보내는 메시지에 귀를 기울인다. 몸이 보내는 메시지에 주의를 기울이고, 필요한 조치를 취한다. 내 몸이 건강을 되찾아 최적의 상태에 이를 수 있도록 물심양면으로 최선을 다한다. 나는 언제든 필요할 때마다 내면의 힘을 불러일으킨다.

건강할 때는 피로를 모른다.
식욕도 왕성하고
깊이 잠들고, 일찍 일어난다.
기억력이 좋고, 유머 감각도 좋다.
바르게 생각하고, 행동하며
정직하고, 겸손하다.
감사할 줄 알고 사랑이 넘친다.
나는 얼마나 건강한가?

Good health is having no fatigue,
having a good appetite,
going to sleep and awakening easily,
having a good memory,
having a good humor,
having precision in thought and action,
and being honest, humble,
grateful and loving.
How healthy are you?

건강 2

몸, 마음, 정신은 건강을 위한 한 팀이다

몸은 늘 우리에게 말을 건넨다. 몸의 어느 한구석이 불편하거나 아프다는 메시지를 받으면 당신은 어떻게 하는가? 약상자에서 적당한 약을 찾아보거나, 약국으로 달려갈 것이다. 그러나 그런 반응은 "아프긴 뭐가 아파? 닥쳐! 듣고 싶지 않아. 잔말 말고 가만히 있어!"라고 몸에게 말하는 것과 같다. 이런 태도는 몸을 사랑하는 것이 아니다.

몸의 어딘가가 아프거나 뭔가 잘못된 것 같다는 징조를 감지하면, 자리에 가만히 앉아서 눈을 감고 다음과 같이 자문해 보라. "내가 진정으로 알아야 할 것이 무엇일까?" 그리고 얼마간 눈을 감고서 몸의 대답을 기다려라. 몸이 보내는 메시지는 "잠을 좀 더 자면 안 될까?"와 같은 간단한 말일 수도 있고, 그보다는 좀 더 심각한 내용일 수도 있다. 오랫동안 몸이 건강하기를 바란다면, 몸과 마음과 정신이 건강을 위해 한 팀을 이루도록 해야 한다.

우리는 모두
선생이자 학생이다.
이렇게 자문해 보라.
"나는 무엇을 배우고
또 무엇을 가르치러
여기에 왔는가?"

We are all teachers and students.
Ask yourself:
"what did I come here to learn
and what did I come to teach?"

관계

내가 맺는 모든 관계는
'사랑의 원'으로 둘러싸여 있다

내 가족을 사랑의 원으로 감싸라. 살아 있는 사람이든 이미 고인이 된 사람이든 모두 그 원 안으로 들어오게 하라. 내 친구, 내가 사랑하는 사람들, 나의 배우자, 직장 동료, 과거에 만난 적이 있는 사람, 용서하고 싶으면서도 어떻게 해야 좋을지 모르는 모든 사람까지도 그 사랑의 원 안에 포함시켜라. 그 관계를 통해 서로를 존경하고 배려할 것이며, 모든 사람과 훌륭하고 조화로운 관계를 맺겠다고 선언하라. 내가 평화로우며, 즐겁고, 품위 있게 살 수 있다는 것을 인식하라. 이 사랑의 원이 지구 전체를 에워싸게 하라. 그렇게 되기 위해, 우선 마음을 활짝 열어라. 자신 안에 무조건적인 사랑이 들어설 수 있는 자리를 만들어라.

나는 사랑받을 자격이 있다. 나는 아름답다. 나는 힘이 있다. 나는 온갖 좋은 것들과 연결될 수 있도록 내 마음을 연다. 진실로 그렇다.

삶이

어디로 어떻게 흐르고 있는지

바라보라.

그동안의 경험이

자신이라고 착각하지 마라.

Observe what is going on
in your life and know that
you are not your experiences.

나 바라보기

나는 내면에서 무슨 일이 일어나는지 주의를 기울인다

우리 마음은 세상에서 가장 행복하며 힘 있는 존재가 될 수 있는 축복의 공간이다. 그런 내면의 공간에 들어가려면 어떻게 해야 좋을까? 우선 나 자신에게 몰입하는 시간이 많아야 한다. 그리고 내가 생각하고 말하는 것이 모두 내게서 비롯된 것이며, 그것에 온 우주가 응답하고 또 그 응답이 내게 되돌아오는 원리를 이해해야 한다. 이제 남은 것은 나 자신을 관조하여, 내면에서 무슨 일이 일어나는지 알아차리는 것이다.

어떠한 비판이나 판단도 내리지 말고 나를 있는 그대로 바라보라. 어쩌면 내가 해야 할 일 중에서 가장 어려운 단계일지도 모른다. 어떠한 언급도 유보한 채 침묵하면서 나의 내면에서 무슨 일이 일어나는지만 계속해서 관찰하라. 그냥 지켜보기만 하라. 내면으로 들어가서 그 안에서 이루어지는 일, 즉 내 감정과 반응과 신념에 주목하기 시작할 때, 나의 내면 공간은 점점 더 확장될 것이다. 그리고 나라는 존재가 어디에서부터 왔는지를 바라볼 수 있을 것이다.

마음속에 있는
낡고 부정적인 메시지를 찾아
떨쳐 버려라.
그리고 내면에 웅크리고 있는 아이를
부드럽고 친절하게 위로하라.
아이에게 말해주라.
"나에게 일어나는 변화는
모두 편안하고, 쉽고, 재미있는 거야."

Be gentle, kind and comforting
with your inner child
as you uncover and release the old,
negative messages within you.
Say: "All my changes are comfortable,
easy, and fun."

내면의 아이 1

나는 지금의 나를 온전히 사랑한다

사랑은 최고의 지우개다. 사랑이라는 지우개는 아무리 깊이 새겨진 상처라고 해도 말끔하게 지울 수 있다. 사랑이란 이 세상 어느 것보다도 깊고 강렬한 감정이기 때문이다. 때로는 어린 시절에 새겨진 상처가 너무 깊어서 "모든 게 그 사람 때문이야. 내가 어떻게 해도 소용없어. 바꿀 수 없어"라고 말하는 사람도 있다. 그래서는 상처에서 벗어날 수 없다.

거울을 이용해 보자. 머리끝에서 발끝까지 거울에 비친 내 모습을 사랑하라. 옷을 입고 있든 벗고 있든, 그대로의 내 모습을 사랑하라. 거울 속의 내 눈을 들여다 보라. 나 자신을, 나의 내면에 웅크리고 있는 아이를 사랑하라.

우리 모두의 마음속에는
세 살배기 아이가 웅크리고 있다.
불행하게도
우리는 언제나 이 아이에게
화를 내며 윽박지른다.
그러고는 왜 삶이 순탄하지 않은지
그 이유를 모르겠다며
의아해 한다.

Each one of us is always working
with a three-year old child within us.
Most of us, unfortunately,
spend our time yelling at that child,
and then wondering
why our lives don't work.

내면의 아이 2

내면의 아이를 사랑으로 끌어안으라

자신의 마음속에 웅크리고 있는 '내면의 아이'에게 사랑을 보내라. 그 아이는 겁이 나서 두려움에 떨기도 하고, 상처를 아파하기도 한다. 때로는 어쩔 줄 몰라서 당황하거나 허둥대기도 한다. 그 아이와 함께하라. 아이를 보듬어 주고 사랑하라. 아이에게 필요한 것을 지원해 주며 소중히 보살펴라. 무슨 일이 일어나든지 아이와 함께 하리라는 것을 아이가 믿을 수 있도록 하라.

나는 아이를 외면하거나, 아이를 내버려두고 달아나지 않을 것이다. 나는 언제나 내면의 아이를 사랑으로 보살필 것이다.

돈은 에너지다.

돈은 수고의 대가다.

돈은 물질이자 형식이다.

돈 자체는 아무런 의미도 없다.

우리가 돈에 의미와 신념을 부여할 뿐이다.

돈에 대한 수많은 말이 있지만

모두 부질없는 소리다.

확실한 것은 우리가 얼마만큼 돈을 가질 자격이 있는지

그 믿음에 따라 우리가 가질 수 있는 돈이 달라진다는 점이다.

Money is energy;
it is an exchange of services.
It is matter and form.
It has no meaning of itself
except what we give it
and believe about it.
We have so much 'stuff' about money,
but it really is about
what we believe we deserve.

돈

내 수입은 지속적으로 늘어난다

수입을 늘리는 가장 빠른 방법은 정신적인 작업을 통해서다. 돈을 잘 벌기 위해 어떻게 하면 될까? 마음으로 돈을 끌어당기는 방법도 있고, 돈이 떨어져나가게 하는 방법도 있고, 다른 형태로 부를 이루는 방법도 있으니 자유롭게 선택하면 된다. 다만, 어떤 방법을 활용하든 불평을 해서는 되는 일이 없다는 것이다. 자신이 돈을 벌 자격이 있다는 것을 믿든 믿지 않든, 우리 모두는 '우주정신'이라는 예금 계좌를 가지고 있다. 그 계좌에 긍정적인 선언을 계속해서 저축하라. "내 수입은 지속적으로 늘어나고 있다. 나는 성공할 자격이 있는 사람이다."

삶이 너무나 근사하다고 느끼는 순간,

우리는 '뭔가 좋지 않은 일이 일어나

모든 것을 앗아가지 않을까' 하는

두려움에 빠지기도 한다.

그것은 지나가는 걱정일 뿐이다.

걱정은 두려움이자 자신에 대한 불신이다.

그런 걱정이 들 때는

잠시 마음을 어지럽게 한 여우비쯤으로 여겨라.

찾아와서 고맙다 생각하고

더 이상 신경 쓰지 말고 그냥 흘려보내라.

Sometimes when our lives are magnificent,
we have anxiety that
something bad is going to happen
to take it all away.
I call it running anxiety.
Anxiety is fear and not trusting yourself.
Just recognize it as the part
that is used to us being upset about something
and thank it for sharing and let it go.

두려움

나는 언제나 완벽하게 보호받고 있다

뭔가 두려운 생각이 들 때는, 그 두려움이 나를 지켜주기 위해 찾아왔다는 것을 기억하라. 두려움이란 바로 그런 것이다. 겁을 먹으면, 몸 안에서는 나를 위험에서 지키기 위해 아드레날린이 분비된다. 그러니 두려움에게 이렇게 외쳐라. "이런 식으로 나를 도와주니 정말 고맙구나." 특정한 두려움이 반복된다면, 그 두려움에게 선언하라. 두려움의 실체를 알고, 두려움에 감사를 보내라. 그러나 결코 두려움에 무게를 싣지는 마라.

완전한 존재가 되기를 기다렸다가
자신을 사랑하려 한다면
그것은 인생을 낭비하는 것일 뿐이다.
바로 지금 이 순간, 여기에서
우리는 이미 완전한 존재다.

If we wait until we become perfect
before we love ourselves
we will waste our lives.
We are already perfect
right here and right now.

만족

나는 있는 그대로 완전하다

나는 넘치지도 모자라지도 않는다. 누구에게든 무슨 일로든, 내가 어떤 존재인지를 증명할 필요는 없다. 나는 내 삶이 근원적인 생명의 완벽한 표현임을 알고 있다. 끊임없이 변화하는 삶 속에서 내 정체성도 무수하게 바뀌었지만, 삶의 어떤 시기를 들여다 봐도 모두 하나같이 완벽한 표현이었다. 나는 지금 이 순간, 내가 나로서 존재하는 것에 만족한다. 나는 내가 선택하지 않은 어떤 것도 갈망하지 않는다. 모두 내가 선택한 것이기 때문이다. 다음에는 또 다른 선택을 하면 된다. 나는 지금 이 순간 바로 여기에서, 있는 그대로 완전하다. 이것으로 충분하다. 나는 근원적인 삶을 가장 완벽하게 표현하고 있다. 더 나아지려고 버둥댈 필요가 없다. 지금 해야 할 일은 어제의 나보다는 오늘의 나를 더 사랑하는 것뿐이다. 나 자신을 사랑스러운 존재로 여기는 것뿐이다.

내가 스스로를 소중히 여길 때, 인간의 생각으로는 상상조차 할 수 없을 정도로 나는 아름답게 피어날 것이다. 인간이 스스로의 위대함을 완성시키는 데 사랑은 꼭 필요한 양분이다. 내가 나를 더 사랑할 수 있게 되면, 나는 다른 모든 사람들도 더 사랑할 수 있게 된다. 우리는 온 세상에 사랑이라는 양분을 공급하고, 세상은 더욱 아름다워진다. 우리 모두는 치유되고, 이 땅도 치유될 것이다. 나는 내가 완전하다는 것과 근원적인 생명이 완전하다는 것을 깨닫게 되어 기쁘다.

자신이 평소에 하는 말을
잘 들어 보라.
부정적인 말이나
스스로 한계를 긋는
표현을 자주 한다면
습관을 바꾸도록 하라.

Start listening to what you say.
If you hear yourself using negative
or limiting words, change them.

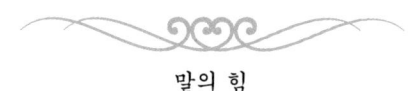

말의 힘

나는 긍정적으로 말하고 생각한다

말이 가진 힘을 진정으로 이해한다면, 말을 하는 데 신중을 기하게 될 것이다. 언제나 '적극적이고 긍정적인 말'만을 하게 될 것이다. 우주는 내가 무슨 말을 하든 "그래, 맞아!"라고 말한다. 내가 그리 대단한 존재가 아니고, 내 인생이 나아질 리가 없으며, 내가 원하는 것은 좀처럼 얻지 못할 거라고 믿는다면, 우주는 그런 생각에도 "그래, 맞아!"라고 반응할 것이다. 결국 내 생각대로 흘러가게 되는 것이다.

내가 변화하기로 작정한 바로 그 순간부터, 내가 내 인생을 멋지게 만들기로 작정한 바로 그 순간부터, 우주는 역시 그렇게 반응한다.

우리는 잘못한 일이나
제대로 되지 않은 일에 대해
불평하거나 자책하면서 살 수 있다.
하지만 동시에
그것을 즐거운 경험의 하나로
받아들이며 살 수도 있다.
스스로를 사랑하며
즐겁고 행복한 일을 생각하는 것은
멋진 삶을 창조하기 위한
가장 빠른 지름길이다.

You can spend your time griping
and begrudging the things that went wrong
or how you are not good enough
or you can spend your time thinking
about joyous experiences.
Loving yourself and
thinking joyful, happy thoughts is the quickest route
you can take to create a wonderful life.

행복한 생각

무한한 능력

나에겐 무한한 잠재력이 있다

'근원적인 생명'의 차원에서 우주만물은 모두 완벽하고, 온전하며, 빈틈이 없다. 나는 우리를 창조한 권능과 내가 하나임을 알며, 그에게 찬미를 보낸다. 이 권능은 나를 포함한 모든 피조물을 한결같이 사랑한다. 인간은 이 땅에 존재하는 생명체 중에서 가장 지고한 형태로 존재한다. 우리는 우주가 사랑하는 자식들이며, 우주는 우리가 필요하다는 것이면 무엇이든 베풀어 준다. 우주에는 우리가 경험하고자 하는 일에 필요한 것이라면 무엇이든 구비되어 있다. 우리의 정신은 언제나 유일하고 무한한 정신과 연결되어 있기 때문에, 모든 지식과 지혜를 원하는 대로 가져다 쓸 수 있다. 모든 일은 우리가 믿는 대로 될 것이다.

우리는 영적 성장과 진화에 완벽하게 도움이 되는 경험만을 창조한다. 나는 '나'라는 존재를 사랑한다. 특히 이번 생애를 살 수 있도록 지금의 모습으로 선택된 것을 매우 기쁘게 생각한다. 우리가 가진 위대한 잠재력을 보다 충만하게 표현할 수 있도록, 우리는 인격은 물론이고 육체까지도 시시각각으로 바꾸고 또 바꿀 수 있다. 나는 무한한 생명을 찬미하며, 삶의 모든 분야에서 무한한 가능성이 내 앞에 펼쳐져 있다는 것을 안다. 또한 근원적인 힘을 믿으며, 내 인생에서 모든 일이 순조롭게 흘러가리라는 것을 안다. 정말로 그렇게 된다!

다른 사람을 신뢰하지 못하는 것은
내가 나를 사랑하지 않기 때문이다.
나 자신을 위하지 않고
내가 나의 버팀목이 되지 못하기 때문이다.
내가 진정으로 나를 사랑하기 시작하면
나 자신을 신뢰하게 되고,
나 자신을 신뢰할 때
다른 사람도 신뢰하게 될 것이다.

If you don't trust other people,
it is because you are not there for yourself.
You don't support yourself.
You don't back yourself up.
When you really begin to be there for you,
then you will trust yourself,
and when you trust yourself,
you will trust other people.

믿음

나는 지고한 힘과 연결된 존재다

이제 내가 가진 '진정한 힘'에 대해 배워야 할 차례다. 내가 어떤 능력을 가졌는지, 무엇을 풍성하게 만들 수 있는지, 무엇을 새롭게 창조할 수 있는지, 반대로 무엇을 날려 버릴 수 있는지도 배워야 한다. 우주의 지혜와 지성은 내가 쓸 수 있도록 만들어진 것이다. 근원적인 생명은 나를 지탱해주기 위해 존재하는 것이다. 두려움이 몰려올 때는 차분하게 심호흡을 해보라. 호흡 하나하나가 내 몸을 들어왔다 나가고 다시 들어왔다가 나가는 것을 느껴 보라. 내 목숨을 유지시켜주는 가장 값진 보물인 호흡은 나에게 아낌없이 주어진 것이다. 살아있는 한, 나는 계속해서 숨을 쉴 것이다. 이렇게 소중한 보물도 내게 아낌없이 주어졌는데, 왜 나에게 필요한 다른 것들도 삶이 베풀어 주리라는 것을 믿지 못하는가?

어디를 가든
누구를 만나든
내 안에
사랑이 함께하고 있음을
알게 되리라.

Wherever you go
and whomever you meet,
you will find your own love
waiting for you.

바른 행동

나는 바른 길을 간다

나는 한계가 없는 '근원의 생명' 속에 살고 있다. 모든 것이 완벽하고, 온전하며, 가득 차 있다. 내가 그 근원의 생명과 함께하기에, 나는 언제나 신성한 섭리를 따라 바른 길을 향해 나아갈 것이다. 지고한 선과 지고한 기쁨을 위해 나는 언제나 신성한 섭리에 들어맞는 생각을 할 것이다. 언젠가 내 생각을 신성한 섭리에 일치시킴으로써, 가장 지고한 선과 가장 지고한 기쁨을 얻게 될 것이다. 현재 내가 바라는 소망이 내 인생의 질을 결정한다. 나는 인생을 사랑한다. 나는 나 자신을 사랑한다. 나는 언제나 안전하다. 나를 둘러싼 세상은 모든 것이 순조롭게 흘러간다.

현실에서 일어나는 일은

모두

우리 마음속 생각을

반영하고 있다.

Whatever is happening out
there is only a mirror
of our own inner thinking.

방황

나는 내 안에 있는 지혜를 믿는다

'유일한 지혜'가 있다. 유일한 지혜는 어디에나 있으며, 언제나 존재한다. 유일한 지혜는 내 안에 있으며, 동시에 내가 바라보는 모든 곳에 있다. 그러니 길을 잃어 방황할 때도 "난 지금 헤매고 있어. 영영 길을 찾지 못할 거야"라고 낙심하지 마라. 그런 부정적인 생각을 당장 멈추라. 내 안에 있는 지혜와, 내가 찾고 있는 것 속에 깃든 지혜가 힘을 합하여 나를 옳은 길로 인도해 줄 것이다. '신성한 정신' 안에서는 어느 것도 잃어버리는 게 없다. 큰 지혜가 나와 함께한다는 것을 믿는다.

남이 배워야 할 것을
내가 대신 배워줄 수는 없다.
스스로 배워야 한다.
그리고
배울 준비가 되기 전에는
아무것도 배울 수 없다.

You cannot learn
other people's lessons for them.
They must do the work themselves,
and they will do it
when they are ready.

배움

나는 날마다 새로운 것을 배운다

우리 아이들이 온갖 전쟁이 언제 일어났는지 그 연대기를 달달 외우는 대신에, 생각하는 법이나 자신을 사랑하는 법, 또는 누군가와 사이좋게 지내는 법이나 현명한 부모가 되는 법, 재산을 잘 관리하는 법, 건강을 돌보는 법에 대해 배운다면 어떨까? 생각만 해도 근사하지 않은가! 살면서 부딪치는 다양한 문제에 능숙하게 대처할 수 있는 요령을 배운 사람은 아마 거의 없을 것이다. 우리가 이런 것들을 진작 배워서 알고 있었다면, 우리 삶이 많이 달라졌을 것이다. 하루하루가 새로운 것을 배울 수 있는 기회다. 그 기회를 놓치지 마라!

어떤 습관을 가지고 있다면
그 습관이 자신에게 어떤 영향을 끼치고 있는가?
그 습관으로 얻은 것은 무엇인가?
그 습관을 버린다면 어떻게 될까?
우리는 종종 "내 삶이 더 나아질 거야"라는 말을 한다.
그런데, 말은 늘 그렇게 하면서도
자신이 더 나은 삶을 살 자격이 없다고
생각하는 이유는 무엇인가?

If you still have a habit
that you are doing,
ask yourself how does it serve you?
What do you get out of it?
If you no longer had it,
what would happen?
Very often people say:
"My life would be better."
Why do you believe that
you don't deserve to have a better life?

버리기 1

조건부로 요구하는 습관을 버려라

우리가 습관이나 행동 패턴을 만드는 것은 어떤 식으로든 자신에게 도움이 되기 때문이다. 우리는 누군가에게 벌을 내리기도 하고 사랑을 보내기도 한다. 우리가 부모님에게 복수하기 위해 혹은 부모님을 사랑한다는 이유로 스스로 만드는 병이 얼마나 많은지 안다면 놀랄 것이다. "난 아버지처럼 당뇨에 걸릴 거야. 난 아버지를 사랑하니까." "내가 비참하게 병에 걸려서 죽어가면 엄마가 날 잘못 키웠다는 걸 알아차리겠지." 이런 현상은 우리가 인지할 수 있는 표면 의식 차원에서 일어나는 것이 아니다. 내면을 아주 섬세하게 관찰해야 특정한 패턴을 발견할 수 있다.

때로는 인생을 살아가면서 뭔가를 제대로 통제하지 못해 부정적인 패턴이 형성되는 경우가 있다. 그럴 때는 이렇게 자문해 보라. "왜 이렇게 섭섭한 기분이 들지?" "나는 왜 계속 화를 내고 있을까?" "나는 왜 상황을 회피하려고 할까?" 부정적인 습관이 도움이 된다고 생각하는 한 우리는 어떤 방법으로든 그 습관을 떼어낼 수 없다. 그러나 습관을 버릴 마음의 준비가 되면, 놀랍게도 아주 사소한 계기로도 그 습관을 버릴 수 있게 된다.

내게는

개인적인 신념만이 아니라

내가 속한 가족이나 사회로부터

부여받은 신념도 있다.

생각에는 전염성이 있기 때문이다.

You not only have individual beliefs,
you also have family and society's beliefs.
Ideas are contagious.

버리기 2

나는 충분히 괜찮은 사람이다

마음속에 '내 주제에 당치도 않아' 또는 '내가 잘될 리가 없어' 같은 부정적인 신념이 있다면 당장 바꾸라. '나는 그런 신념을 당장 버리겠어. 더 이상 그런 신념을 품고 살지 않겠어'라고 생각하라. 신념을 바꾸는 건 어려운 일이 아니다. 그러니 갈등하지 마라. 그저 생각만 바꾸면 된다.

우리 모두는 삶을 즐기기 위해 태어났다. 어서 마음을 활짝 열고, 천지사방에 널려 있는 풍요와 번영을 받아들이기만 하면 된다고 스스로에게 선언하라. "나는 번영을 누릴 자격이 있다. 나는 좋은 것만 누릴 가치가 있는 사람이다." 내가 그렇게 선언하면, 이미 마음속에서 이루어졌으므로 현실에서도 똑같이 펼쳐질 것이다. 진실로 그렇다.

외부의 삶을 변화시키려면
내면의 삶부터 변화해야 한다.
기꺼이 변하고자 마음먹으면
놀랍게도 온 우주가 나를 돕기 시작한다.
내게 필요한 것을 모두 가져다 준다.

In order to change your life outside,
you must change inside.
The moment
you are willing to change,
it is amazing how the Universe
begins to help you.
It brings you what you need.

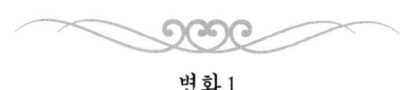

변화 1

나는 어떤 변화든 쉽게 이룰 수 있다

뭔가 변화해 보려고 발버둥을 치지만, 상황이 나아지기는커녕 더 나빠지는 경우가 있다. 그런 일이 생기더라도 너무 개의치 마라. 그것은 단지 어떤 '과정'의 시작일 뿐이다. 낡은 매듭을 푸는 과정일 뿐이니 그냥 내버려 둬라. 우리가 정말 알아야 할 것을 알기 위해서는 시간과 노력이 필요하다. 금방 변하려고 애쓰지 마라. 무언가를 배울 때, 조바심이야말로 유일한 걸림돌이다. 꼭 거쳐야 하는 과정을 거치지 않고 무언가를 얻으려고 하지 마라. 한걸음, 한걸음씩 천천히 걸음을 내디뎌라. 시간이 흐를수록 점점 쉬워질 것이다.

이렇게 말해 보라.

"나는 변화하고 싶다."

혹시 주저하고 있는가?

진실이 아니라는 느낌이 드는가?

변화를 가로막는 그 믿음은 무엇인가?

명심하라.

그것은 단지 생각일 뿐이다.

그리고 생각은 얼마든지 바꿀 수 있다.

Say : "I am willing to change."
Are you hesitating?
Do you feel that it is not true?
What is the belief that is in the way?
Remember it is only a thought,
and a thought can be changed.

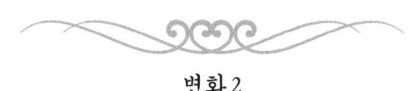

변화 2

한쪽 문이 닫히면 또 다른 문이 열리는 법이다

삶이란 문이 닫히고 열리는 과정의 반복이다. 우리는 이 방에서 저 방으로 다니며 여러 가지 경험을 쌓는다. 우리들 대부분은 오랜 걸림돌과 같은 문은 닫아버리고 싶을 것이다. 삶에서 계속 반복되는 '악습의 문'을 닫아버리고 싶을 것이다. 우리를 갉아먹거나 더 이상 유익하지 않은 문을 닫아버리고 싶을 것이다.

우리 대부분은 새로운 문을 열고 새롭고 경이로운 경험을 하는 과정에 있다. 새로운 경험을 통해 배우기도 하고, 기쁨을 느끼기도 한다. 이 모든 것들이 삶의 구성 요소다. 그리고 어떤 일을 하더라도 우리는 진실로 안전하다는 것을 알아야 한다. 단지 변화하는 것일 뿐이다. 우리가 이 세상에 와서 첫 번째 문을 열 때도, 세상을 떠나면서 마지막 문을 열 때도, 우리는 언제나 안전하다. 그저 변화만이 있을 뿐이다. 우리의 내적 존재는 오직 평화로울 뿐이다. 우리 스스로는 평안하고, 안전하며, 사랑받고 있다는 것을 안다. 진실로 그렇다.

부드러우면서도
단호하게,
끈기 있게,
그리고 일관성 있게 생각해 나가라.
변화는 빠르고 쉽게
이루어지리라.

Gentle,
firm insistence,
and consistency
in what you choose to think,
will make the changes
manifest quickly and easily.

변화 3

나는 변화할 준비가 되어 있다

두 손을 깍지 껴 보라. 어느 쪽 손의 엄지가 위로 올라가는가? 그런 다음 손을 풀었다가 아까와는 다른 쪽의 엄지가 위로 올라가게 다시 깍지를 껴 보라. 느낌이 어떤가? 조금 전과 다른가? 뭔가 익숙하지 않은 듯한 느낌이 들지도 모른다. 다시 손을 풀고 다른 방식으로 깍지를 껴 보라. 두 번째 방식으로 깍지를 끼었다가, 풀고 나서 다시 첫 번째 방식으로 깍지를 껴 보라. 느낌이 어떤가? 이번에는 익숙하지 않은 느낌이 덜 드는가? 새로운 방식에 적응하는 것도 마찬가지다. 약간의 연습이 필요하다. 어떤 일을 처음으로 하면 이렇게 말할 수도 있다. "아냐, 뭔가 이상한 것 같아." 그러고는 예전의 익숙한 방식으로 되돌아갈지도 모른다. 하지만 변화를 위한 연습을 할 준비가 되어 있다면, 새로운 방식으로도 할 수 있다는 것을 알게 될 것이다. 더군다나 그것이 '자신을 사랑하는 일'처럼 중요하다면, 연습해 볼 가치가 충분하지 않겠는가?

긍정적으로 변화할 수 있는
준비가 충분히 되었다면
나에게 필요한 것은 무엇이든
스스로 끌어당기게끔 되어 있다.

When we are ready
to make positive changes
in our lives,
we attract
whatever we need to help us.

행복한생각

변화 4

나는 기꺼이 변화하고 성장할 것이다

나는 이제껏 알지 못했던 새로운 것을 기꺼이 배워나갈 것이다. 나에게 더 이상 소용없는, 낡고 진부한 견해는 기꺼이 버릴 것이다. 내가 처한 상황을 이해하고 다음과 같이 말하리라. "나는 이제 그런 일은 하지 않겠다." 나는 '현재의 나' 이상의 존재가 될 것임을 알고 있다. 이 말이 더 나은 사람이라는 의미는 아니다. 그렇게 되면, 현재의 내가 부족하다는 의미가 될 테니까. 대신 현재의 나에게 뭔가를 더 보탠 어떤 존재는 될 수 있다. 성장하고 변화하기 위해서는 아픔을 견뎌야 하겠지만, 그럼에도 그것은 분명 가슴 뛰는 일이다.

복수를 한다고 해서
예전으로 되돌아갈 수 있는 것이 아니기에
결국 우리가 얻는 것은 아무것도 없다.
내게서 나온 것은
다시 내게로 돌아오기 때문에
복수의 악순환은 끝이 나야 한다.

We never get even.
Revenge does not work,
because what you give out
comes back to you.
The buck has to stop somewhere.

복수

해묵은 상처를 흘려보내고, 스스로를 용서하라

자신이 지난날에 겪은 고통과 분노에서 헤어나지 못하고 집착한다면, 영원히 지금 이 순간을 경험할 수 없게 된다. '오늘'을 낭비하고 마는 것이다. 적잖은 시간이 흘렀는데도 여전히 과거의 원한과 적개심에 사로잡혀 가슴앓이를 하고 있다면, 그것은 다른 사람뿐만이 아니라 자신을 용서하는 것과도 관계가 있다. 과거의 상처에 집착하는 일은 현재의 자신에게 벌을 주는 행위와 다를 바 없기 때문이다. 사람들은 종종 지난날의 고통과 분노에 집착하는 방식으로, 자신만의 정의감에서 비롯된 '원한의 감옥'에 스스로를 감금한다. 정의롭기를 원하는가, 행복해지기를 원하는가? 해묵은 상처는 흘려보내고, 스스로를 용서하라. 자신을 벌하는 일을 당장 그만두라.

누구나 웬만큼 자라면
어린 시절, 가정에서 경험한
정서적인 환경에 대해
다시 돌이켜 보곤 한다.
어머니 또는 아버지와 나와의 관계,
또는 부모끼리의 관계를
다시 돌이켜 본다.

When we grow up
we have a tendency to recreate
the emotional environment of our early home life.
We tend to recreate relationships
we had with our mothers and fathers
or what they had between themselves.

부모

나는 스스로 결정한다

부모는 자식의 일에 하나하나 간섭하려고 든다. 그래서 부모와 '힘겨루기 게임'을 벌이는 사람들이 많다. 이 게임을 멈추고 싶다면, 다른 사람에게 의지하지 말고 나 스스로 멈춰야 한다. 나는 이제 어른이 되었기에 내가 원하는 바를 스스로 결정할 때가 되었다.

어른스러운 책임감과 의무감을 가지고 부모를 대하기 시작하라. '부모와 자식' 관계 대신에 '어른 대 어른'으로서의 관계를 시작하라.

"난 나쁜 사람이야" 같은

부정적인 생각은

부정적인 감정을 불러일으킨다.

그런 생각을 멈추면

그런 감정도 생기지 않는다.

생각을 바꾸고 나서

감정이 어떻게 흐르는지 지켜 보라.

A thought which says:
"I'm a bad person,"
produces a negative feeling.
However, if you do not have such a thought,
you will not have the feeling.
Change the thought and the feeling must go.

부정적인 생각

나는 이제부터 내 장점만을 보겠다

나는 이제부터 부정적이고, 파괴적이며, 두려움으로 가득 찬 생각을 내 인생과 마음에서 모두 몰아내기로 한다. 누군가 해로운 생각을 입에 올리더라도 귀를 기울이지 않을 것이며, 해로운 대화가 벌어져도 참여하지 않을 것이다. 마음은 스스로 상처받는 것을 허락하지 않는 한 상처받지 않는다. 지금 나는 내가 상처입지 않을 것이라고 믿기에 어느 누구도 내게 상처를 입힐 수 없다. 아무리 그럴 듯해 보여도 나를 해롭게 하는 감정에는 빠져들지 않으리라. 나를 화나게 하거나, 두렵게 만드는 어떠한 일에도 빠져들지 않으리라. 이제 파괴적이거나 부정적인 생각이 나를 지배하지 못하리라.

죄의식을 가진다고 해서 과거를 바꿀 수는 없다. 나는 이제부터 인생에서 내가 창조하고 싶은 것만을 생각하고 말할 것이다. 내가 원하는 일을 할 수 있도록 나는 만반의 준비가 되어 있다. 나는 나를 창조한 근원적인 힘과 하나다. 나는 안전하다. 나를 둘러싼 세상은 모든 것이 순조롭게 흘러간다.

사람들은 흔히
반드시 배워야 하는 일일수록
가장 거세게 저항한다.
"아무래도 못 하겠어."
"차라리 때려치우는 게 낫겠어."
만약 이런 말을 하고 있다면
아마도 그 일이야말로
자신에게 꼭 필요한 과제일 것이다.

We resist the most that
which we most need to learn.
If you keep saying:
"I can't." or "I won't."
you are probably referring to a lesson
that is important to you.

부정적인 생각 극복하기

나는 내가 훌륭하며 위대하다고 느낀다

부정적인 신념을 긍정적으로 바꾸는 일은 누구에게나 꼭 필요한 과정이다. 부정적인 신념을 걷어내고 그것을 다른 긍정적인 신념으로 재구축하기 위한 효과적인 방법은 직접 자신의 목소리를 녹음하는 것이다. 누구에게나 자신의 목소리는 큰 의미를 갖게 마련이다. 긍정적인 신념을 갖기로 다짐을 한 다음, 자신이 직접 녹음해서 들어 보라. 가치를 따지기 어려울 만큼 인상적인 효과를 남길 것이다.

그보다 좀더 강력한 효과를 바란다면, 어머니에게 부탁을 해보는 것도 좋다. 나의 다짐을 어머니의 음성으로 녹음해 달라고 청해 보라. 어머니의 음성을 들으며 잠이 드는 것도 꽤나 근사한 경험이다. 어머니의 목소리로 내가 얼마나 훌륭한 사람이며, 어머니가 나를 얼마나 사랑하고 자랑스럽게 여기는지, 또 내가 되고자 하는 건 무엇이든 될 수 있다고 말하는 걸 들으며 잠을 청해 보라.

분노는 방어 기제다.

우리는 두렵기 때문에 방어하는 것이다.

Anger is
a defense mechanism.
You are defensive
because you are frightened.

분노 1

과거를 편안하게 놓아주라, 삶의 흐름을 믿으라

분노는 정상적이고 자연스러운 감정의 흐름이다. 사람들은 대체로 같은 일에 대해 반복적으로 화가 나기 마련이다. 화가 나지만 화를 터뜨리는 게 옳지 못하다고 여기기 때문에 곧이곧대로 표출하지 않고 꿀꺽 삼키고 만다. 이렇게 속으로 삼킨 억눌린 분노는 우리 몸 가장 소중한 곳에 자리 잡고 있다가 질병으로 드러난다. 시간이 흘러도 분노는 저절로 사라지지 않고 여전히 같은 곳에 그대로 있다. 따라서 분노를 치유하려면, 진솔한 감정을 끄집어내서 표현해야 한다.

자신을 분노하게 만든 당사자에게 대놓고 감정을 표현할 수 없다면, 거울 앞에 서서 마치 그 사람이 앞에 있는 것처럼 말하라. 모든 얘기를 다 터놓고 하라. "너한테 화가 났어." "나는 두려워." "난 정말 당황스러워." "너 때문에 상처받았어." 내면에 쌓인 모든 분노가 전부 쏟아져 나올 때까지 계속하라. 그런 다음, 숨을 깊게 들이마시고 거울을 보면서 이렇게 물어 보라. "이런 일이 반복해서 생기는 이유는 무엇일까?" "이런 반복적인 패턴을 바꾸려면 어떻게 해야 할까?"

이러한 행동을 무의식중에 만들고 있는 우리 내면의 신념체계를 바꿀 수 있다면 더 이상 같은 일을 반복하지 않게 될 것이다.

우리가 저지를 수 있는

최악의 일은

스스로에게 화를 내는 것이다.

분노는

우리가 반복하는 낡은 틀 속에

우리를 더 답답하게 가둘 뿐이다.

One of the very worst things
we can do is to get angry at ourselves.
Anger only locks us more rigidly
into our patterns.

분노 2

마음껏 '나 자신'이 돼라

분노를 억눌러 몸 안에 쌓아두지 마라. 화나는 일이 생기면, 분노를 가능한 한 빨리 몸 밖으로 내보내라. 이런 감정을 건강하게 내보내는 몇 가지 방법이 있다. 자동차를 타고 차창을 닫은 채 있는 대로 고함을 질러보라. 침대를 마구 두드리거나 베개를 걷어차 보라. 당신의 생각이나 하고 싶은 말을 남김없이 쏟아붓는 것도 좋은 방법이다. 이불을 뒤집어쓰거나 베개에 얼굴을 묻고 고함을 질러 보라. 달리기를 하거나 테니스 같은 경기를 하는 것도, 분노의 에너지를 몸 밖으로 내보내 준다. 분노를 느끼든 그렇지 않든, 일주일에 한 번 정도는 침대나 베개를 주먹으로 마구 때려 보라. 그러면 몸 안에 쌓여 있던 육체적인 긴장감이 누그러진다.

어떤 면에서든 강박적인 습관이 있다면
그런 습관이 있는 자신을
끔찍하게 여길 것이 아니라
우리의 의식 속에
그러한 조건을 만들고자 하는
욕구가 있다는 걸 알아차려야 한다.
그 욕구가 없어지면
습관은 저절로 사라진다.

If we have any compulsive habit
in any area,
instead of thinking
how terrible we are,
let us realize that
there is some need in our consciousness
to have this condition
or it would not be there.

비만 1

나는 안전하고 또 안전하다

비만은 언제나 '보호'를 의미한다. 무언가 불안하거나 겁이 나면, 사람은 으레 자신을 보호하려고 든다. 비만한 사람들은 대체로 뚱뚱한 자신에 대해 자주 화를 내며, 음식을 먹는 일에 죄의식을 가지고 있다. 하지만 체중과 음식은 아무런 상관이 없다. 체중이 불어나는 이유는 자신을 불안하게 만드는 일이 삶에서 벌어지고 있기 때문이다. 그 원인의 뿌리를 뽑지 못하면 수십 년 동안 비만과 전쟁을 치러도 나아지지 않을 것이다.

 자신이 점점 뚱뚱해지고 있다면, 체중 문제는 제쳐 두고 우선 다른 문제부터 해결해야 한다. "나는 보살핌이 필요해" 또는 "나는 기분이 불안해"라고 말하는 버릇부터 고쳐라. 그리고 체중이 불어나더라도 화내지 마라. 세포는 마음이 반복해서 만들어내는 패턴에 반응하기 때문이다. 누군가에게 보호받고 싶다는 욕구가 사라지면, 달리 말해 더 이상 불안해하지 않고 마음을 놓는다면, 비만은 점차 사라지고 체중이 정상으로 되돌아오기 시작할 것이다. 그냥 "체중에 좀 문제가 있었지"라고 말하라. 그렇게 생각의 패턴을 바꾸기 시작하라. 오늘 선택한 생각이 내일의 삶을 바꾼다.

중독증이 있는 사람은
대개 자신으로부터 달아나려고 한다.
중독을 이용해서
내면의 공허함을 채우려고 한다.

People who are addicted
are usually running from themselves,
and they use some sort of addiction
to fill the space inside.

비만 2

나는 내면의 두려움을 기꺼이 떨치겠다

자신이 너무 뚱뚱하다고 생각한다면, 엄청난 의지력을 동원하여 온갖 종류의 살 빼기를 시도할 것이다. 세상에 존재하는 모든 다이어트 방법을 알아낼 것이다. 물론 몇 달 동안은 강인한 의지를 발휘하여 다이어트를 방해하는 음식을 한 입도 먹지 않을 수 있다. 하지만 언젠가는 그 의지력과 자제력이 무너지는 순간이 오게 되어 있다. 불행히도 체중은 다시 원래 상태로 되돌아간다. 그것은 문제의 근원을 다루지 않고 단순히 표면적인 현상만을 해결하려고 들었기 때문이다.

체중에서 진정으로 중요한 문제는 '두려움'이다. 두려움으로부터 스스로를 보호하기 위해 살이 찌는 것이다. 이처럼 진짜 문제를 들여다보지 않고 아무리 체중을 줄이려고 해봐야 '평생 도로아미타불'일 것이다. 더군다나 체중 조절에 실패한 사람은 자신이 아무짝에도 쓸모가 없다는 자괴감으로 괴로워하게 된다. 억지로 체중을 줄이기 위해 노력하기보다 긍정적인 방식으로 내면의 불안감을 떨친다면, 몸무게는 저절로 줄어들 것이다. 자신에게 이렇게 말하라. "체중 문제는 잊어버리겠어. 내면의 두려움을 기꺼이 버리겠어. 보호받고 싶다는 욕구도 놓겠어. 나는 불안하지 않아. 나는 안전해."

남을 심판하거나

비판하는 족족

그것은 고스란히

나에게 돌아올 것이다.

Every time
you make a judgment or a criticism,
you are sending something out
that is going to come back to you.

비판 1

나는 내가 나라서 좋다

다른 사람들에게 이런저런 평가나 비판을 받지 않고 산다면 얼마나 좋을까? 생각만 해도 기분 좋지 않은가? 그럴 수만 있다면, 정말로 마음 편하고 안락한 기분이 들지 않을까? 모두 나를 사랑하기만 할 뿐이고 아무도 나를 비판하거나 깎아내리려고 하지 않는다면, 날아갈 듯한 기분일 것이다. 아침에 눈을 뜨는 순간부터 기분이 좋고, 하루하루가 멋지게 흘러갈 것이다.

어떻게 하면 그럴 수 있을까? 실제로 내가 나 자신에게 그런 멋진 선물을 줄 수 있다. 상상만으로도 그 멋진 일을 실제 삶에서도 경험할 수 있다. 아침에 일어났을 때, 오늘 하루도 기쁘게 보내리라 상상하면 짜릿함을 느끼며 살 수 있다.

비판적인 사람은
남을 비난하는
자신의 습관 때문에
남들로부터 비난을 되돌려 받는다.
남을 비난하는 사람은
자신이 완전무결해야 하는데
이 세상에
그렇게 완벽한 사람이 있겠는가?

Critical people
often attract a lot of criticism
because it is their pattern to criticize.
They often need to be perfect
at all times.
Do you know anyone
on this planet who is perfect?

비판 2

나는 있는 그대로의 나를 사랑하고 받아들인다

사람이라면 누구나 자기 모습 중에 도저히 사랑할 수 없거나 받아들일 수 없다고 여기는 부분이 있게 마련이다. 스스로에게 화가 치밀어 오르면, 사람들은 자신을 가혹하게 다루거나 학대한다. 술을 마시거나, 담배를 피우거나, 마약을 복용하거나, 과식을 하거나 그와 비슷한 일을 한다. 심지어는 자신을 때리기까지 한다. 가장 나쁜 것은 바로 자신을 비난하는 행위다. 그것은 다른 어떤 것보다도 스스로에게 깊은 상처를 입히는 일이기 때문이다.

자신을 비난하지 마라. 자기 비난하기를 그만두면, 다른 사람을 비난하는 일도 따라서 그만두게 된다. 왜냐하면 타인이라는 존재는 내가 밖으로 투영된 모습이며, 다른 사람들의 모습을 통해 나를 보기 때문이다. 다른 사람에 대해 불평하는 것은, 사실상 나에게 불평하는 행위다. 있는 그대로의 나를 진심으로 사랑하고 받아들일 수 있게 된다면, 불평할 거리가 없을 것이다. 나 자신은 물론이며 다른 사람들도 공격하지 않게 된다. 앞으로는 어떠한 이유로든 나 자신을 비난하지 않겠다고 맹세하라.

모든 상황을 이렇게 만든 건 나 자신이다.
그런데도 다른 사람 때문에 실패했다고 탓하며
나 자신이 얼마나 큰 힘을 가졌는지는 망각해 버린다.
하지만 명심하라!
어느 누구도, 어떤 장소나 사물도
세상에 나보다 더 큰 힘을 지닌 것은 없다.
내 안에서 스스로 생각할 수 있는 존재는 오직 하나,
나 자신뿐이다.

We create situations
and then we give our power away
by blaming another person
for our frustrations.
No person, place or thing
has any power over us.
We are the only thinkers in our minds.

사고

나를 긍정적으로 표현하라

어떤 우연한 사건에 휘말려 내가 피해자 입장이 되면, 가해자가 처벌을 받게 되기를 바랄 수도 있다. 마음 한구석에서 약간의 가책을 느끼면서도 말이다. 또 자신의 입장에 대해 할 말을 채 하지 못했다는 억울한 감정이 응어리져 적대감으로 쌓여 있을 수 있다. 반대로 누군가에게 폭력을 가함으로써 표현하지 못하고 억눌렀던 분노를 밖으로 표출할 수도 있다. 그렇게 분노를 겉으로 끄집어내는 것이다.

하지만 사고는 눈에 보이는 것보다 내면에서 벌어지는 것이 더 중요하다. 모든 사고는 단순한 사고 이상의 깊은 의미를 담고 있기 때문이다. 어떤 사고가 일어나면, 우선 자신의 마음을 들여다보라. 언제나 같은 패턴으로 반응하고 있지는 않은지 살펴보라. 우연히 일어났다고 생각하는 사고를, 실제로는 나 자신이 일으키고 있는 것은 아닌지 말이다. 적대감으로 대했던 상대에게 사랑을 베풀어라. 그리고 이 모든 경험을 표현하라.

나 자신을
사랑해서 얻는 보너스는
기분이
좋아진다는 것이다.

One of the bonuses
about loving yourself
is that you get to feel good.

사랑 1

내 사랑에는 한계가 없다

세상에는 사랑이 많고 내 가슴에도 충분한 사랑이 있기 때문에 우리는 사랑이 아쉬운 줄 모르고 산다. 하지만 때로는 사랑이 너무 모자라게 느껴질 때가 있다. 그래서 내가 가진 사랑을 감추기도 하고, 남에게 주는 것도 아까워하며, 밖으로 표현하기를 꺼린다. 그러나 진리를 구하는 사람들은 사랑을 넘쳐흐르게 하면 할수록 더 많은 사랑이 찾아온다는 것을, 더 많이 사랑하면 할수록 더 많이 사랑받는다는 것을 깨닫게 될 것이다.

  사랑은 끝없이 무한하고 영원하다. 사랑이야말로 이 세상에서 가장 강력한 치유력을 가지고 있다. 사랑이 없다면 우리는 결코 살아남을 수 없을 것이다. 갓난아기도 사랑을 받지 못하면 시름시름 앓다가 죽고 만다. 물론 사랑 없이도 얼마든지 살아갈 수 있다고 생각하는 사람들도 많다. 하지만 진실은 그렇지 않다. 사랑은 우리를 치유하는 유일한 힘이다. 그러니 할 수 있는 한, 최선을 다해, 끊임없이 사랑하라.

적어도 하루 세 번씩
두 팔을 활짝 벌리고
이렇게 선언하라.
"나는 사랑을 받아들인다."
"나는 두려움 없이 사랑할 것이다."

At least three times a day,
stand with your arms
open wide and say:
"I am willing to let the love in.
It is safe to let the love in."

사랑 2

나는 사랑받을 만한 사람이다

우리가 숨을 쉴 수 있는 권리를 별도로 얻어야 할 필요가 없는 것처럼, 사랑을 받을 수 있는 자격도 별도로 얻을 필요가 없다. 숨 쉬는 것은 존재하는 모든 이들이 누리는 권리다. 사랑받는 것도 역시 존재하는 모든 이들이 누릴 수 있는 권리다. 우리가 알아야 할 것은 그것이면 충분하다. 우리는 모두 사랑받을 만한 사람이기 때문에 존재한다.

부모나 친구들이 보여 준 부정적인 태도나 세상의 편견에 휩쓸려 자신이 사랑받을 만한 사람이 못 된다고 여기지 마라. 나라는 존재 그 자체가 이미 사랑이기 때문이다. 이 사실을 인식하고 인정하라. 내가 나 스스로를 사랑받을 만한 사람이라고 인정해야, 다른 사람들도 나를 사랑할 만한 사람으로 여긴다.

영적인 성장은

우리가 전혀

예상하지 못한 방향으로

이루어질 때도 있다.

Our spiritual growth often comes to us
in ways that we don't quite expect.

새로운 것에 마음 열기 1

나는 삶의 새로운 문을 열어젖힐 것이다

나는 지금 영적인 성장으로 향하는 인생의 복도에 서 있다. 이제까지 여러 개의 문을 열고 닫으며 왔다. 무슨 문이든, 일단 한번 그곳을 지나오면 이전과 같은 식으로 생각하거나 말하거나 행동할 수는 없게 된다. 더 이상 같은 경험도 하지 않게 될 것이다. 내 앞에 새로운 경험으로 나를 인도해 줄 문들이 끝없이 이어져 있다. 모든 것이 새로운 경험이다. 겉으로는 같아 보여도, 전과 똑같은 것은 없다. 그러니 과거에 집착하지 마라. 앞으로 나아가야 내가 원하는 '멋진 경험'의 문을 열 수 있게 될 것이다.

'내면의 인도자'가 있어서 나를 가장 좋은 길로 안내해 주리라고 믿는다. 그렇게 해서 나의 영적인 성장이 지속적으로 이루어질 것을 믿는다. 어떤 문이 열리고 어떤 문이 닫히든, 두렵지 않다. 나는 영원하기 때문이다. 나는 경험에서 경험으로 영원히 이어지리라. 나는 지금 기쁨, 평화, 치유, 번영, 사랑으로 향하는 문을 열고 있다. 자비로 향하는 문, 관용으로 향하는 문, 자유로 향하는 문, 자긍심으로 향하는 문. 내 앞에는 다양한 문이 늘어서 있다. 어느 문부터 열 것인가?

기억하라. 어떤 문을 열든지, 나는 안전하고 편안하며 어느 것도 내게 해를 가할 수 없다. 오직 변화만이 있을 뿐이다.

두려움이 생기는 것은
삶이 내 편이 아니라고 믿기 때문이다.
그러니 두려울 때는 이렇게 말하라.
"삶은 내 편이며
삶이 나를 보살펴 주리라고 믿는다."

Fear comes from not trusting the process of life
to be there for you.
The next time you are frightened, say:
"I trust the process of life
to take care of me."

새로운 것에 마음 열기 2

나의 모든 경험은 내게 꼭 필요한 것이다

우리는 살면서 여러 개의 문을 지나쳐 왔다. 커다란 문도 있었고, 작은 문도 있었다. 커다란 변화가 닥치기도 하고, 사소한 변화가 끊임없이 일어나기도 했다.

나는 내가 경험해야 할 특별한 순간의 인생을 살기 위해 세상에 태어났다. 스스로 부모를 선택했으며, 그 이후로도 많은 문을 통과해 왔다. 나는 풍요롭고 충만한 인생을 살기 위해 필요한 모든 것을 갖추고 태어났다. 나에겐 모든 지혜와 지식이 있다. 모든 재능과 능력이 있다. 나에겐 사랑을 비롯한 온갖 종류의 감정이 있다. 근원적인 생명은 어디에서나 나를 도와 주며 보살펴 준다. 나는 그것을 믿는다.

문은 끊임없이 열리고, 끊임없이 닫힌다. 내가 치우치지 않고 중심을 잘 잡고 있다면, 어떤 문을 지나더라도 안전할 것이다. 이 땅에서 마지막 문을 지날 때조차도, 그것은 끝이 아니다. 그 문은 새로운 모험의 시작일 뿐이다. 그러니 우리가 언제나 안전하다는 것을 알아야 한다. 얼마든지 변화를 겪어도 괜찮다. 오늘은 늘 새로운 날이다. 나는 근사하며 새로운 경험을 많이 하게 될 것이다. 나는 사랑받고 있으며 또 안전하다. 진실로 그렇다.

기쁨을 구하라.
이것을 올해의 목표로 삼아라.
"기쁨을 구하라!
삶이 존재하는 이유는
지금 이 순간을 즐기기 위해서다!"

Go for the joy.
Make that your motto this year:
"Go for the joy!
Life is here for you to enjoy today!"

새해 다짐

나는 올해 변화하기 위해 마음을 다하겠다

새해에는 누구나 새로운 목표를 세운다. 하지만 그 목표를 이루어내는 사람은 많지 않다. 뭔가 변화를 바라면서도 깊숙이 자리한 속마음까지 바꾸지는 않기 때문이다. 내적으로 정말로 변화하려는 순수한 의지를 발휘하기 전까지는, 아마도 결심한 대로 되기 어려울 것이다. 변화하기 위해서 필요한 것은 오로지 단 하나, 생각이다.

올해 내가 긍정적으로 변화하기 위해 할 수 있는 일은 무엇인가? 작년에 하고 싶었지만 못 했던 일 가운데 이제라도 스스로를 위해서 하고 싶은 일은 무엇인가? 반대로 작년에 그토록 집착했던 일 가운데 올해 버려야 하는 것은 무엇인가? 변화하기 위해 우리가 갖추어야 할 것은 단 하나, 노력할 수 있는 마음의 준비다.

좋은 일이 생겼을 때
이렇게 말하는 사람들이 있다.
"난 도저히 못 믿겠어!"
그것은 자기 스스로
행운을 부정하는 태도다.
말 그대로 복을
제 발로 걷어차는 것이다.

When good comes into our lives
and we deny it by saying:
"I don't believe it",
we literally push our good away.

생각

나는 늘 긍정적인 생각을 한다

생각이 물방울이라면, 같은 생각을 반복할 때마다 한 방울, 두 방울 물이 고일 것이다. 처음에는 물이 한 움큼 모이고, 그 다음에는 작은 웅덩이만큼이 되고, 그 다음에는 연못만 한 크기로 불어난다. 그러고도 같은 생각을 계속 반복한다면 연못은 호수만 하게 불어나고, 마침내 바다만큼이나 커질 것이다. 만약 그 생각이 부정적인 종류라면, 내가 만든 부정적인 생각의 바다에 빠져 익사하고 말 것이다. 하지만 반대로 그 생각이 긍정적인 종류라면, 나는 삶이라는 바다 위를 유유히 떠다니며 즐길 수 있을 것이다.

지금 이 순간,
무엇보다 중요한 것은
내가 지금 무엇을 생각하고
무엇을 믿고 무엇을 말할 것인지
선택하는 일이다.
그 생각과 신념과 말이
내 미래를 창조한다.
지금 내가 하는 생각이
내일을 만들고,
다음 주를 만들고, 다음 달을 만들고
내년을 만들 것이다.

What is important in this moment
is what you are choosing to think
and believe and say right now.
These thoughts and words
will create your future.
Your thoughts from
the experiences of tomorrow,
next week, next month, and next year.

생각 바꾸기

그것은 단지 생각일 뿐이며, 생각은 바뀔 수 있다

자신에 대해 긍정적으로 생각하려고 할 때 거부감이 든 적이 있는가? 그렇다면 같은 이치로, 자신에 대한 부정적인 생각 역시 거부할 수 있을 것이다. 사람들은 "나는 내가 바보 같다는 생각을 도저히 멈출 수 없어"라고 말한다. 그러나 생각은 멈출 수 있다. 다만 그러기 위해서는 우선 자신이 무엇을 하려고 하는지 마음속으로 정해야 한다.

뭔가 변화하고 싶다고 해서 자신의 생각과 싸울 필요는 없다. 부정적인 목소리가 들리면 이렇게 말하면 된다. "그런 생각을 알려줘서 고마워." 이렇게 하면 그 부정적인 생각에 힘을 싣지 않으면서도, 그 생각을 거부하지도 않게 된다. 그저 이렇게 말하라. "그래, 그런 생각도 있을 수 있지. 그런 생각을 할 수 있다니 고마운 노릇이야. 하지만 나는 다른 일을 하려고 하던 참이야. 그래서 이젠 그런 생각에 빠지고 싶지 않아. 나는 다른 사고방식을 만들어 낼 거야." 자신의 생각과 싸우지 마라. 그런 생각도 있음을 알아차리고, 그것을 뛰어넘으라.

명상에 잠길 때마다
치유를 위해 기도할 때마다
지구를 위해 기원할 때마다
우리는 같은 생각을 하는 사람들과 연결된다.
같은 소망을 가진 온 세상 사람들과 연결된다.

Every time you meditate,
every time you do a visualization for healing,
every time you say something
for healing the whole planet,
you are connecting with people
who are doing the same thing.
You are connecting with
like-minded people all over the planet.

서로 사랑하는 세상

서로 사랑하는 세상을 만드는 데 협력하라

나의 꿈은, 사람들이 두려움 없이 마음껏 서로를 사랑할 수 있는 세상, 있는 그대로를 사랑하고 받아들이는 세상을 만드는 데 일익을 담당하는 것이다. 나는 우리 모두가 있는 그대로 인정받으며 사랑받게 되기를 바란다. 더 똑똑해지거나, 더 예뻐지거나, 옆집에 사는 총명한 친구나 집안의 보물로 추앙받는 사촌언니처럼 되지 않고도, 지금 그대로의 모습으로 인정받고 사랑받을 수 있다면 얼마나 좋을까?

우리는 어른이 되어서도 바로 지금, 있는 그대로의 모습으로 사랑받고 받아들여지기를 바란다. 그러나 스스로 있는 그대로의 자신을 사랑하지 않으면서 남이 사랑해 주기를 바랄 수는 없다. 또한 자신을 있는 그대로 사랑할 수 있다면, 남을 있는 그대로 사랑하는 일도 더 쉬워진다. 자신을 있는 그대로 사랑한다고 해서, 나는 물론이고 누구 한 사람 다치지 않는다. 사람에 대한 이런저런 까다로운 원칙이나 편견을 모두 버리자. 우리 모두가 얼마나 아름다운 사람인지를 깨달았을 때, 우리는 세계 평화에 대한 해답을 얻게 된다. 그리고 우리가 마음 놓고 서로를 사랑할 수 있는 세상을 만들 수 있게 된다.

선언을 하는 순간

나는 더 이상 억울한 삶을 살지 않는다.
나는 더 이상 무기력한 삶을 살지 않는다.
나는 내가 가진 힘을 잘 알고 있는 사람이 된다.

The moment
you say affirmations,
you are stepping
out of the victim role.
You are no longer helpless.
You are acknowledging
your own power.

선언 1

나는 치유로 가는 길에 있다

선언은 출발점이다. 선언은 길을 열어 준다. 선언함으로써 나의 잠재의식에 다음과 같이 선포하게 된다. "모든 책임은 나에게 있다." "나는 내 힘으로 상황을 바꿀 수 있음을 안다." 계속해서 이렇게 선언한다면, 어떤 일이 일어나든 동요하지 않고 차분하게 대응할 수 있게 될 것이다. 그리하여 마침내 나의 선언이 실현되거나, 혹은 실현되지 않는다 해도 그 선언으로 인해 새로운 길이 열릴 것이다. 번뜩이는 영감을 얻거나, 갑자기 좋은 일이 생긴다. 내 인생은 치유로 가는 길 위에 있고, 온 우주가 치유에 필요한 다음 단계로 나를 인도해 준다.

선언은
지금 이 순간 나에게 힘이 되는 말을
잠재의식에 불어넣어 준다.

Affirmations give your subconscious mind
something to work on in the moment.

선언 2

나는 언제나 마음을 열고 받아들인다

우리가 살면서 좋은 일을 하려고 노력해도 이루어지지 않을 때가 있다. 아무리 그럴듯한 선언을 해도, 마음 한 구석에서 아주 조금이라도 그럴 만한 가치가 없다고 생각한다면, 원하는 대로 이루어지지 않는다. 그런 생각을 하는 것은 "나의 선언은 이루어지지 않을 거야"라고 말하는 것과 같다. 아무리 선언을 해도 소용없다. 우리는 모든 것을 창조하고 그것을 얼마든지 누릴 수 있다. 다만, 문제는 그 사실을 믿지 않는다는 것이다.

우리는 반드시 알아내야만 한다.
우리가 믿고 있는 게 무엇인지.

We must become aware
of what it is that we believe.

선언 3

내 안에 있는 신념을 알아차려라

스스로에게 선언할 때는 필기도구를 준비해서 거울 앞에서 하라. 그리고 선언하는 순간, 마음속에 떠오르는 부정적인 생각을 옮겨 적으라. 그 자리에서 떠오르는 생각에 일일이 대응할 필요는 없다. 나중에 자신의 마음에 떠오른 부정적인 생각의 목록을 찬찬히 들여다보면, 스스로가 원한다고 선언해 놓고도 왜 소망을 이루지 못했는지 이해하게 될 것이다. 내 안에 어떤 부정적인 신념이 있는지를 알아차리라. 일단 그것의 정체를 알아야 바꿀 수 있지 않겠는가?

자신이 무슨 말을 하는지
귀를 기울여 들어 보라.
진정으로 원하는 게 아니라면
아무 말도 하지 마라.

Begin to listen to
what you say.
Don't say anything
that you don't want
to become true for you.

선택과 의무

모든 일은 내가 선택한 것이다

"해야 한다"라는 표현을 당신의 국어사전과 생각에서 없애라. 그 표현은 스스로에게 엄청난 스트레스를 주기 때문이다. "나는 지금 일어나야 돼" 또는 "지금 이걸 해야 돼", "당장 해야 돼" 이런 식으로 말함으로써 스스로 엄청난 스트레스를 만들고 있다. 대신에 "난 이렇게 하려고 했어"라고 말하라. 그러면 삶이 전혀 다르게 보인다. 내가 하는 일은 모두 내가 선택한 것이다. 설령 그렇게 보이지 않는다고 해도, 실제로는 정말로 그렇다.

사람들은 내게
선의의 충고나
새롭고 멋진 아이디어를
얼마든지 이야기할 수 있다.
하지만 그것을 받아들여서 쓰는 사람은
결국 나다.
받아들이느냐 거부하느냐는
내가 정한다.
결정권은 나에게 있다.

I can give you lots of good advice
and lots of wonderful new ideas,
but you are in control.
You can accept them or not.
You have the power.

성공

나는 언제나 놀라운 선물을 받는다

성공하는 법 대신에 행운을 받아들이는 법을 배워라. 어떤 친구가 당신에게 선물을 주거나 점심 식사를 대접해도 그것을 강박적으로 되갚으려고 하지는 마라. 그가 선물을 주면 기꺼이 받아라. 기쁘고 즐겁게 받아들여라. 그 사람에게 보답을 하지 못할 수도 있다. 하지만 그 사람이 아닌 다른 사람에게 베풀 수도 있다. 누군가가 내가 원하지도 않으며 사용하지도 않을 물건을 주면 "이런 선물을 주셔서 기쁘고 고맙습니다"라고 말한 다음, 그것을 받아서 다른 사람에게 주면 된다.

마음을 활짝 열고 느껴 보라.

마음속에는 오로지

나만을 위한 방이 있다.

Feel your heart opening
and know that there is room
in there for you.

성장

나는 무조건적으로 나를 사랑한다

어린 시절의 기억이라고는 가정불화나 폭력만이 가득하다면, 그런 기억이 지금도 나를 괴롭힌다면, 나 역시 내면에 있는 어린아이를 똑같은 방식으로 대하고 있는 셈이다. 아이가 당신 안에 머무를 자리는 없다. 부모가 자신에게 했던 것처럼 하지 말고, 그 한계를 뛰어넘을 만큼 스스로를 사랑하라. 부모는 나에게 어떻게 대해야 할지 몰랐을 뿐이다. 지금까지 나는 부모님의 가르침에 따라 착한 어린아이로 지내왔다. 하지만 성장했으니 이제는 스스로 나 자신을 부양하고 양육할 수 있는 어른스러운 결정을 내릴 때다.

우리들 한 사람 한 사람은
특정한 시간과 공간을 선택해서
이 땅에 태어난다.
우리는
영적인 진화를 이루기 위해
특별한 지혜를 배우고자
이 땅에 태어나기로 선택한 것이다.

Each one of us decide
to incarnate upon this planet
at particular points
in time and space.
We have chosen to come here
to learn a particular lesson
that will advance us on our spiritual,
evolutionary pathway.

성탄절

사랑이 나를 통해 흐르게 하라

시간을 거슬러 올라가, 어린 시절에 보낸 가장 멋진 성탄절이 언제였는지 기억을 더듬어 보라. 그 기억을 끄집어내어 눈앞에 생생하게 그려 보라. 그때의 광경, 냄새, 맛, 감촉, 그리고 그때 그 자리에 있던 사람들을 떠올려 보라. 나는 어떤 일을 했던가? 어렸을 때 멋진 성탄절을 보낸 적이 없다면, 마치 그런 일이 실제로 있었던 것처럼 마음속으로 꾸며 보라. 자신이 원했던 성탄절과 정확히 일치하도록 상상해 보라. 이 특별한 성탄절을 생각할수록 나의 마음이 활짝 열릴 것이다.

아마도 성탄절에 받았던 가장 멋진 선물은 사랑일 것이다. 이제 그 '사랑의 정신'이 내 안으로 흐르게 하라. 내가 알고 관심을 기울이는 모든 사람들에게 그 마음이 전해지도록 하라. 이 사랑으로 그들을 에워싸라. 이제 성탄절에 맛보았던 사랑의 정신은 어느 곳에나 존재하며, 그 특별한 느낌은 크리스마스 때가 아니더라도 언제든 느낄 수 있다는 것을 알았을 것이다. 나는 사랑 그 자체다. 나는 사랑의 정신이다. 나는 빛이다. 나는 에너지다. 진실로 그렇다.

거울을 보고 이렇게 말하라.
"나는 지금 이대로의 나를 사랑하고 받아들인다."

그러면 어떤 생각이 떠오르는가?

어떤 느낌이 드는지 가만히 귀 기울여라.
그것이 당신이 가진 문제의 핵심이다.

Look in the mirror and say:
"I love and accept myself exactly as I am."

What comes up in your mind?

Notice how you feel.
This may be the center of your problem.

수용1

나의 모든 것을 받아들인다

스스로를 치유하고 완성하려면, 먼저 자기 자신의 모든 면을 받아들여야 한다. 사람은 살면서 잘할 때도 있고, 못할 때도 있다. 겁을 집어먹을 때도 있고, 사랑에 빠질 때도 있다. 어처구니없게 바보스러울 때도 있고, 똑똑하고 영리할 때도 있다. 또 얼굴이 화끈거릴 정도로 창피스러울 때도 있고, 어떤 일을 멋지게 처리하여 의기양양해질 때도 있다. 이 모든 모습이 바로 나 자신이다.

대부분의 문제는 자신의 특정한 부분을 거부하기 때문에, 또는 자신을 무조건적으로 사랑하지 않기 때문에 발생한다. 지금까지 살아온 삶을 부끄러워하지 마라. 과거에 실수를 저질렀더라도, 그것이 내 인생에 풍요로움과 충만함을 불어넣었을 것이다. 이 풍요로움과 충만함이 없었다면, 나는 지금 여기에 존재할 수 없었을 것이다. 나 자신의 모든 면을 무조건적으로 온전히 받아들인다면, 그 순간 나는 완전해지고 치유가 된다.

과거에 배운 지식이나 습관 때문에
스스로를 완전히, 전적으로,
온몸과 온 마음을 다해 사랑하지 못한다면
깨끗이 잊어버리고 처음부터 다시 시작하라.
이제부터 스스로에게 친절해져라.

If you do not love yourself
totally, wholly, and fully,
somewhere along the way
you learned not to.
You can unlearn it.
Start being kind to yourself now.

수용 2

내가 창조한 것을 받아들인다

나는 있는 그대로의 나를 사랑하며, 있는 그대로의 나를 받아들인다. 내가 지금 어떤 처지에 있든 나 자신을 믿으며, 격려하고, 받아들인다. 나는 마음에서 우러나는 사랑을 스스로에게 보낸다. 가슴에 손을 얹고, 내 마음속에서 우러나는 사랑을 느낀다. 바로 지금 여기에서, 있는 그대로의 나를 받아들일 수 있는 넉넉한 마음을 가진다. 나의 몸, 나의 체중, 나의 키, 나의 외모, 나의 성별, 나의 경험을 편안하게 받아들인다. 이 모든 것을 나 스스로가 창조했다는 것을 받아들인다. 나의 과거와 현재까지도. 그리고 앞으로 다가올 미래를 기꺼이 맞이한다. 나는 신성神性 그 자체이며, 위대한 생명의 창조물이기에 최고의 대접을 받을 자격이 있다. 나는 기적을 받아들인다. 치유를 받아들인다. 완전함을 받아들인다. 그리고 무엇보다도 나 자신을 완전히, 전적으로, 온몸과 온 마음으로 받아들인다. 나는 소중하다. 있는 그대로의 내가 귀하다. 나는 내가 믿는 대로 될 것이다.

내가 알고자 하는
모든 질문에 대한 대답은
바로 내 안에 있다.
"모르겠어"라고 말할 때마다
나 스스로 지혜의 문을
닫아버리는 셈이다.

All the answers to all the questions
you are ever going to ask
are right here within you.
Every time you say,
"I don't know",
you shut the door
to your own wisdom.

행복한생각

수축과 팽창

나는 사랑으로 숨 쉬며, 생명과 더불어 흐른다

내 마음이 커지고 있는가, 아니면 움츠러들고 있는가? 생각이나 믿음, 그리고 내가 하는 어떤 것이든 내가 마음을 크게 쓰면 사랑이 흘러넘친다. 하지만 내가 움츠러들고 긴장하면, 스스로 벽을 만들어서 그 속에 갇히게 된다.

겁이 나거나 두렵거나 뭔가 잘못됐다는 느낌이 들면, 심호흡을 하라. 호흡을 하면 척추가 바로 서고, 가슴이 활짝 열린다. 호흡을 하면 마음이 넓어진다. 천천히 호흡을 하면 마음의 장벽이 무너지고, 막힌 길이 트이기 시작한다. 그렇게 시작하라. 어쩔 줄 몰라하며 쩔쩔매는 대신 심호흡을 하라. 그리고 자신에게 물어보라. "나는 움츠러들고 싶은가, 아니면 커지고 싶은가?"

내가 순수의식임을 자각하라.
나는 외롭지도, 길을 잃고 헤매지도,
결코 버림받지도 않았다.
근원의 생명에서 비롯한 모든 것이
나와 함께하고 있다.

Be aware
that you are pure consciousness.
You are not lonely
or lost or abandoned.
You are one with all life.

순수의식

나는 순수의식이다

의식의 실체를 들여다보면, 내 안에 순수한 정신이 깃들어 있다는 것을 알게 된다. 나는 순수한 정신이기도 하고, 순수한 빛이며, 순수한 에너지다. 내가 가지고 있던 한계가 하나씩 떨어져나가 마침내 내가 편안해지고, 치유되고, 완전해진다고 상상하라. 살다가 어떤 일을 겪든, 얼마나 곤란한 사건에 휘말리든, 나라는 존재는 항상 안전하다는 것을 명심하라. 나는 개체인 동시에 전체이기 때문이다. 과거에도 그랬고, 현재에도 그렇고, 미래에도 그럴 것이다. 아무리 다시 태어나고 다시 태어나도, 나는 빛나는 정신이며 황홀한 빛이다.

살면서 자기 스스로 그 빛을 가리고, 순수한 정신을 감출 때도 있다. 하지만 아무리 가려도 그 빛은 늘 빛나고 있다. 스스로 만든 한계를 걷어내기만 하면, 존재 자체가 그토록 아름답다는 걸 알기만 한다면, 나는 황홀하게 빛난다. 나는 사랑이고, 에너지다. 나는 찬란하게 빛나는 사랑의 정신이다. 그 빛을 빛나게 하라.

우리는 영원으로 가는
끝없는 여행길에 위에 있다.
한 생애가 지나면
다시 다른 생애가 시작된다.
한 생에서 이루지 못한 일은
다른 생에서 이룰 것이다.

We are on the endless journey
through eternity.
We have life time after life time.
What we don't work out in one life,
we will work out in another.

행복한 생각

슬픔 1

죽음은 없다

나의 정신은 내게서 결코 떨어질 수 없다. 정신은 나를 이루고 있는 영원한 것이기 때문이다. 아무리 논쟁을 해도 정신이 나와 함께한다는 건 변함없다. 어떤 질병이라도 정신을 내게서 앗아갈 수는 없다. 인간관계에서 상실감을 경험했더라도 나와 정신은 늘 함께한다. 죽음도 정신을 앗아갈 수는 없다. 정신은 영원한 것이기 때문이다.

정신은 영원히 지속되는 우리의 일부분이다. 이승을 떠난 모든 사람들은 순수한 본질, 순수의식으로 여전히 우리 곁에 머물러 있다. 과거에도 그랬고, 지금도 그렇고, 앞으로도 그럴 것이다. 우리가 육신을 가진 채 그 사람들을 다시 만나지는 못한다 해도, 우리가 육신을 떠나면 우리의 정신은 다시 만나게 될 것이다.

헤어짐이란 없다. 죽음도 없다. 에너지는 형태만 바꾸어 순환하고 또 순환할 뿐이다. 우리가 순수의식과 연결되는 순간, 자질구레한 모든 일상을 초월할 수 있다. 우리의 지성이란 이처럼 위대하다. 우리의 정신, 우리의 영혼, 우리 존재의 본질은 언제나 안전하며 결코 꺼지지 않는다. 진실로 그렇다.

비극도

최고로 좋은 일로

바뀔 수 있다.

그 일을 계기로

스스로 성장하려고만 한다면.

A tragedy can turn out
to be our greatest good
if we will approach it in ways
from which we can grow.

슬픔 2

나는 사랑의 빛을 빛나게 할 것이다

고통스럽거나 두렵거나 슬플 때, 우리는 어둠 속에서 빛나는 한 줄기 빛을 보고 희망을 되찾는다. 이 빛은 누군가의 사랑이 빛나는 것이라고 생각해보자. 이내 마음이 따뜻하고 포근해진다. 우리 모두는 저마다 그런 사랑의 빛을 품고 있다. 그 빛을 빛나게 하여 우리 자신에게도, 다른 사람들에게도 다시 힘을 낼 수 있도록 위로할 수 있다.

  우리는 무수하게 많은 사람들이 이 땅을 거쳐 갔다는 것을 안다. 이제 그 사람들이 보내는 밝은 빛을 보라. 그 빛과 사랑이 우리를 에워싸고 있음을 발견하라. 우리 모두는 마음속에 아무리 퍼내도 마르지 않는 '사랑의 샘'을 가지고 있다. 사랑하다가 때로는 마음에 상처를 입기도 하지만, 그렇게 느낄 수 있음을 신에게 감사하라. 우리 가슴에서 사랑의 빛이 한도 끝도 없이 뿜어져 나오게 하라. 마음을 푹 놓고 세상 속에서 평화롭게 머무르라. 진실로 그렇게 하라.

누군가의 이야기를 듣고 싶다면
승자의 이야기를 들어라.
자신이 뭘 하는지 정확히 알고 있으며
자신이 하는 일을 명확하게 보여 줄 수 있는
사람의 말에 귀를 기울여라.

If you are going to listen to people,
listen to the winners.
Listen to the people
who know what they are doing
and who prove what they are doing.

승리

나는 타고난 승자다

우리는 스스로를 사랑하는 법을 배우면서 강한 존재가 된다. 스스로를 사랑하게 되면서 우리는 희생자에서 승리자로 탈바꿈하는 놀라운 경험을 하게 된다. 자신을 기쁘게 여기는 사람은 당연히 매력적이다. 그들은 스스로 멋진 에너지를 발산하기 때문이다. 그런 사람들은 인생에서 언제나 승리한다. 우리도 얼마든지 자신을 사랑하는 법을 배울 수 있다. 또한 얼마든지 승자가 될 수 있다.

내가 나 자신을 만들어 가는 작업은
목표가 아니라 과정이다.
평생에 걸친 과정이니
그 과정을 즐겨라.

The work you are doing
on yourself is not a goal,
it is a process-a lifetime process.
Enjoy the process.

시간

기회는 지금뿐이다

우리는 모두 '영원'이라는 끝없는 여행길에 있다. 우리가 이번 생에서 보내는 시간은 고작 찰나에 불과하다. 우리가 이 세상에 태어난 까닭은 교훈을 배우고, 영적 성장을 이루며, 사랑하는 능력을 키우기 위해서다. 우리가 세상에 왔다가 가는 일에는 적절한 때도, 적절하지 않은 때도 따로 없다. 영화는 시작도 끝도 알 수 없이 계속해서 상영되고 있는데, 우리는 중간에 뛰어들었다가 다시 중간에 떠나는 것이다. 우리 각자에게 주어진 고유한 역할이 끝나면 떠나는 것이다. 우리는 자신을 더욱 사랑하고, 그 사랑을 주위 사람들과 나누는 법을 배우기 위해 여기에 왔다. 보다 깊은 차원에서 우리의 마음을 열기 위해 이곳에 왔다. 우리가 세상을 떠날 때 가지고 갈 수 있는 것은 오로지 사랑하는 능력밖에는 없다.

내가 만일 오늘 당장 세상을 떠난다면, 과연 내가 가져갈 사랑은 얼마나 될까?

삶은 아주 단순하다.
사람들은 저마다
자신이 생각하고 느끼는 방식에 따라
자신의 삶을 창조한다.
자신과 삶에 대한 신념이
그대로 현실이 된다.

Life is very simple.
Each one of us creates our experiences
by our thinking and feeling patterns.
What we believe about ourselves
and about life becomes true for us.

신념

나는 새롭고 멋진 나만의 신념을 창조한다

오랜 세월에 걸쳐 나 자신을 위해 만든 몇 가지 신념을 소개하겠다.
이 신념들이 내게는 매우 유익했다.

나는 언제나 안전하다.
내가 알아야 할 모든 것은 언젠가는 알게 되어 있다.
내게 필요한 모든 일은 완벽한 시간과 완벽한 장소, 그리고 완벽한
순서에 따라 찾아온다.
인생은 기쁨 그 자체이며, 사랑으로 가득 차 있다.
어떤 변화를 원하든 나는 번창할 것이다.
나는 기꺼이 변화하고, 기꺼이 성장할 것이다.
나를 둘러싼 세상 모든 것이 더할 나위 없이 좋다.

장미는

언제나 아름답고,

언제나 완전하며,

언제나 변화한다.

우리도 이와 같아

삶의 어느 곳에 있든

우리는 언제나 완전하다.

A rose is always beautiful,
always perfect,
and ever changing.
This is the way we are.
We are always perfect
wherever we are in life.

신성한 섭리 1

나는 적절한 자리에 있다

모든 별과 모든 행성이 저마다 신성한 섭리에 맞춰 완벽한 궤도를 따라서 운행하듯이, 나도 그렇다. 우주가 완벽한 조화로움으로 이루어져 있듯이, 나도 그렇다. 인간의 생각은 한계가 있기에 지금은 내가 헤아리기 힘들다고 해도, 우주의 차원에서 보자면 세상만사가 적재적소에 있으며 제대로 돌아가고 있다. 나는 '긍정적인 생각'을 선택하기로 했다. 현재의 경험을 징검다리로 삼아, 새로운 인식과 더 큰 영광으로 나아갈 것이다.

도움을 청하라.
원하는 바를 삶에 이야기하라.
그러면 그 일이 일어나리라.

Ask for help.
Tell life what you want,
and allow it to happen.

신성한 섭리 2

내게 필요한 모든 일은 가장 적절한 순간, 가장 적절한 곳에서 일어난다

내가 바라는 일에 대해 선언문을 작성하고, 목록으로 만들고, 보물지도를 만들고, 눈앞에 보듯 상상하고, 일기장에 쓰는 일은 식당에 서 음식을 주문하는 일에 비유할 수 있다. 웨이터는 내 주문을 받으면 주방으로 가서 주방장에게 전달할 것이다. 그러는 동안 나는 음식이 제대로 되고 있으려니 하고 자리에 앉아 기다릴 것이다. 30초에 한 번씩 웨이터에게 "아직 안 됐나요? 음식은 어떤 식으로 조리되고 있나요? 주방에서는 제대로 일하고 있는 거죠?"라고 묻지는 않을 것이다. 우리는 주문하고 나면 당연히 음식이 나오는 것으로 알고 있다. '우주 주방'에서도 똑같은 일이 벌어지고 있다. 우주 주방에 주문을 하면 주문한 대로 준비될 것이다. 주문한 것은 가장 필요한 순간, 필요한 장소에 나타날 것이다.

뭔가 잘못했다는 생각이 들면
어떻게든 자신에게
벌을 주려고 할 것이다.

If you believe
you did something wrong,
then you are going to find a way
to punish yourself.

실수

나는 실수를 통해 발전한다

내가 겪는 경험 하나하나가 모두 삶의 징검다리다. '실수'도 마찬가지다. 실수를 저지른다고 해도 자신을 사랑하라. 실수는 나에게 매우 값진 것이다. 실수를 통해 나는 많은 교훈을 배운다. 그런 식으로 인생을 배워나가는 것이다. 실수를 저질렀다고 해서 자신에게 벌을 주려고 하지 마라. 오히려 실수하더라도 용감하게 배우고 성장하고자 애쓰는 자신을 사랑하라.

웃어른들을
어떻게 모시고 있는가?
나이 들면
내가 베푼 대로
돌려받게 될 것이다.

How are you
treating elderly people now?
What you give out is
what are you going to find
when you get older.

아버지

나는 아버지에게 따스한 연민을 느낀다

아버지와 모종의 갈등을 겪고 있다면, 먼저 마음 깊이 명상을 하고 나서 아버지와 대화를 나누라. 해묵은 문제를 좀 더 말끔하게 털어낼 수 있을 것이다. 아버지를 용서하고, 자신도 용서하라. 아버지에게 사랑한다고 말하라. 마음을 깨끗이 정돈한 후, 자신의 감정을 헤아려 보라. 자신이 보다 더 사랑받을 자격이 있음을 알게 될 것이다.

아이들은 언제나
어른이 하는 대로 따라서 한다.
자기 자신을 사랑하는 데
무엇이 걸림돌이 되는지
면밀히 관찰하고 곰곰이 생각해 보라.
그리고 걸림돌을 치워 버리라.
그 모습 자체로
아이들의 좋은 본보기가 될 것이다.

Children always do
what we do.
You might examine what is in the way
of your loving yourself
and be willing to let it go.
You will be a wonderful example
to your children.

아이들

나는 아이들과 '열린 마음'으로 대화한다

자녀들과 열린 마음으로 대화를 나누는 것은 반드시 필요한 일이다. 특히 십대의 자녀를 두고 있다면 더더욱 중요하다. 아이들이 무언가에 대해 이야기를 하려고 할 때, 어른들은 대개 이렇게 말한다. "그런 식으로 말하지 마라." "그런 짓을 하면 안 되지." "그런 식으로 생각하지 마라." "그런 사람이 되면 못 써." "그런 말은 쓰지 마라." "하지 마라. 한번만 더 하면 혼날 줄 알아." 그 결과, 아이들은 하려던 말을 다시 입 안으로 삼켜 버리고 만다. 부모와의 소통을 중단하고 마는 것이다. 세월이 흐르고 아이가 장성했을 때 부모는 "자식들이 나에게 전화를 하지 않아요"라고 말한다. 자식들은 왜 전화를 하지 않는 걸까? 그것은 어느 시점에서 대화의 통로가 끊어져 버렸기 때문이다.

부모는 자기들이 지닌
이해력과 인식의 범위 안에서
자식에게 최선을 다한다.
자신이 알지 못하는 것을
자식에게 가르쳐 줄 수는 없다.
부모가 자신을 사랑하지 않는다면
자식에게도 스스로를 사랑하는 법을
가르쳐 줄 수 없다.

Your parents were doing
the best they could
with the understanding
and awareness that they had.
They could not teach you anything
that they did not know.
If your parents did not love themselves,
there was no way
that they could teach you
how to love yourself.

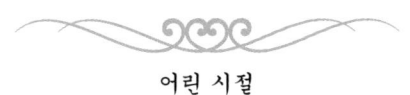

어린 시절

이제 나의 미래를 창조한다

어린 시절이 좋았든 나빴든, 현재 나의 삶을 떠맡고 있는 건 오직 나 자신뿐이다. 부모 탓을 하거나 어린 시절에 처했던 환경을 탓하면서 시간을 탕진할 수도 있겠지만, 그런 마음으로 산다면 결국 어떤 일에서 성공을 거둔다 해도 억울한 인생을 살고 있다는 피해 의식에서 벗어나지 못할 것이다. 그런 삶의 패턴에 빠져 허우적대느라 스스로 원하던 만족감은 영영 얻지 못할 것이다. 지금 내 머리 속을 흘러가는 생각이 나의 미래를 만든다. 어떤 생각을 하고 있느냐에 따라 부정적이고 상처뿐인 미래를 만들 수도 있고, 기쁨으로 충만한 행복한 미래를 만들 수도 있다. 어느 쪽을 원하는가?

자신을 도와 줄 사람을 구하라.
어떤 일을 하기 싫을 때라면
더욱 내 편이 되어 줄 수 있는 사람을 찾아라.
그들이 성장을 도와 줄 것이다.

Have a good support group,
especially when you don't want
to do something.
They will help you grow.

어머니

나는 원하는 인생을 살 권리가 있다

나는 어머니와 어떤 관계를 맺고 싶은가? 자신의 다짐을 선언문 형식으로 만들어서 소리를 내어 낭독해 보라. 그런 다음 어머니와 대화를 청해 보라. 어머니가 아직도 나를 화나게 한다면, 내가 어떻게 느끼는지 어머니에게 충분히 알리지 못했기 때문이다.

나에겐 내가 원하는 인생을 살 권리가 있다. 어른으로서 성장할 권리가 있다. 물론 쉬운 일이 아닐 수도 있다. 하지만 나에게 필요한 일을 하겠다고 결심하라. 어머니는 허락하지 않을 수도 있지만, 어머니가 잘못된 선택을 하도록 내버려 두지 마라. 어머니에게 내가 원하는 것을 말하라. 어머니에게 물어 보라. "이 일을 어떻게 하면 좋을까요?" 어머니에게 말해 보라. "어머니를 사랑하고 싶고, 어머니와 좋은 관계를 가지고 싶어요. 하지만 나는 어머니 인생이 아니라 내 인생을 살고 싶어요."

가볍고 경쾌하게

춤을 추듯이 걸어 보라.

반짝이는 자신의

눈동자를 바라 보라.

'반짝반짝 빛나는 내가 바로 여기에 있다.'

그렇게 선언하라!

Feel that bounce in your step.
See your shining eyes.
The radiant you is right here.
Claim it!

에너지

나는 건강하며 생기 넘친다

내 몸은 내가 머무르기에 편안하며, 또 그렇다고 확신한다. 나는 내 몸을 존중하며 잘 다룬다. 나는 우주의 에너지와 연결되어 있다. 우주의 에너지는 나를 통해 흐른다. 내게는 엄청난 에너지가 깃들어 있다. 나는 빛이요, 생명이요, 삶 자체다!

오늘은 언제나
내 인생에서 가장 흥분되는 날이다.
흥미진진한 모험을 즐기고 있는 나에게
지금이라는 이 특별한 순간은 다시 오지 않을 것이다.

Today is a very exciting time
of your life.
You are on a wonderful adventure
and will never go through
this particular process again.

영원한 삶

나는 영원으로 가는 끝없는 여행길 위에 있다

나는 한계가 없는 '근원적인 생명' 속에 있다. 근원적인 생명은 완벽하고, 온전하며, 약간의 빈틈도 없이 순환한다. 그래서 모든 일에는 때가 있다. 시작할 때, 성숙할 때, 충만할 때, 약해지고 시들어 갈 때 그리고 끝으로 떠나갈 때가 마련되어 있다. 모든 것이 더도 덜도 없이, 근원적인 생명의 완벽한 과정일 뿐이다. 이따금 슬퍼할 때도 있지만, 우리는 그런 순환 과정을 자연스럽게 받아들인다.

때로는 순환이 도중에 갑작스럽게 끝나기도 한다. 그럴 때 우리는 놀라고 무서워한다. 사람이 갑작스럽게 빨리 죽을 수도 있고, 꽃이 시들거나 느닷없이 목이 꺾이는 경우도 있다. 그런 고통스러운 생각을 하다보면 우리도 언젠가는 반드시 죽는다는 무상함을 떠올리기도 한다. 우리도 역시 순환 과정에 종지부를 찍어야 한다. 우리는 그 순환 과정을 온전하게 살아낼 수 있을까? 너무 일찍 삶을 마감하게 되는 것은 아닐까?

삶의 겉모습은 늘 변한다. 시작도 끝도 없다. 물질과 경험만이 영원 무궁하게 순환하고 또 순환할 뿐이다. 우리의 삶은 그리고 근원적인 생명은 고정된 것도, 멈춘 채 그대로 머물러 있는 것도 아니다. 매 순간이 항상 새롭고 싱그럽다. 모든 끝점은 새로운 시작의 출발점이다.

자신을 사랑하고 인정하라.
자신 안에 안전한 공간을 만들어라.
자신을 신뢰하라.
자신의 가치를 인정하고 받아들여라.
이러한 습관이 유기적인 사고방식을 갖게 하여
사랑의 관계를 더 많이 끌어들일 것이다.
새로운 일거리를 가져다 주며,
심지어 몸무게까지도 정상으로 만들어 줄 것이다.

Loving and approving of yourself,
creating a space of safety within you,
trusting, deserving and accepting yourself
could create an organized mind,
attract more loving relationships,
bring about a new job,
and even allow your body weight to normalize.

완성

오늘은 완성의 날이다

내 인생은 매 순간이 완벽하고, 온전하며, 완성되어 있다. 신이 함께하기에 미완성이란 없다. 나는 무한한 힘, 무한한 지혜, 무한한 섭리, 무한한 일체감과 함께한다. 충만함으로 각성되어, 오늘 내가 하는 모든 일이 이루어진다는 것을 안다. 나는 숨을 들이마시고 내쉬는 순간조차 완벽하다. 내가 보는 모든 장면은 그 자체로 완벽하고, 내가 하는 말 한 마디 한 마디 역시 완벽하다. 내가 하는 일 하나 하나, 그 일의 세세한 부분까지도 내가 만족할 만큼 완성될 것이다.

나는 황무지와 같은 거친 인생을 홀로 외롭게 분투하며 살아가는 것이 아니다. 나는 삶이 투쟁이자 저항이라는 낡은 신념도 던져버린다. 나는 나 자신이 무한한 힘과 하나라는 것을 알고, 그것을 확신한다. 그러기에 나의 길은 쉽고 평탄하다. 내가 도움을 원하면, 언제나 기꺼이 나를 도와줄 친구들이 찾아올 것이다. 나는 그 도움을 거절하지 않고 받아들이겠다. 내 인생과 내가 하는 일이 모두 제자리를 찾고 평탄하게 굴러갈 것이다. 꼭 필요한 시간에 전화가 오며, 편지도 내가 바라는 대로 제대로 오고갈 것이다. 계획은 순조롭게 이루어질 것이다. 사람들은 서로 돕고 협력할 것이다. 모든 것이 제때 이루어지고, 모든 것이 신성한 섭리 안에서 이루어지리라. 모든 것이 완성되고 나는 기뻐하리라. 오늘은 '완성의 날'이다. 나는 진실로 그렇게 됨을 선언한다. 내 말은 강력해서, 내가 선언한 대로 그리고 내가 믿는 대로 이루어질 것이다. 진실로 그렇게 될 것이다.

어떻게 용서해야 좋을지
용서하는 법을 배워야 할 필요는 없다.
용서하고자 하는
마음만 있으면 된다.
나머지는 온 우주가
알아서 해줄 것이다.

We do not have to know
how to forgive.
All we have to do is
be willing to forgive.
The Universe will take care of the how.

용서

나는 과거의 모든 것을 용서한다

'용서'라는 말을 들으면 떠오르는 사람이 있는가? 절대 잊을 수도, 용서할 수도 없다고 생각하는 사람이나 경험이 있는가? 무엇이 나를 과거에 얽매이게 하는가? 용서하지 않으면 과거에 사로잡혀, 현재에 머무를 수가 없다. 미래를 창조할 수 있는 건 오직 현재뿐이다.

용서란 자신에게 주는 선물이다. 용서하면 나를 옥죄던 과거에서 해방된다. 나를 묶고 있던 과거의 경험과 과거의 관계에서 해방된다. 용서함으로써 나는 현재에 살 수 있게 된다. 그러니 자신과 남을 용서해야만 진정한 자유를 얻는다. 진정으로 용서할 때 맛보는 해방감은 말로 표현할 수 없을 만큼 크다. 떠올리기도 싫은 고통스러운 경험에서 벗어나야 한다. 그런 경험을 회피하려고만 했기 때문에, 자신을 충분히 사랑할 수 없었던 스스로를 이제 그만 용서해야 한다. 나를 용서하면 동시에 다른 사람을 용서하는 것이 된다.

지난날의 쓰라린 기억, 과거의 상처를 훌훌 털어내고 마음속에서 떠나보내라. 마음의 문을 활짝 열어라. 사랑 속에서 머무른다면, 나는 언제나 안심하고 살아갈 수 있다. 사랑하라. 자신을 용서하라. 모든 사람을 용서하라. 그리고 과거의 모든 경험을 용서하라. 그리하여 나는 자유로워질 것이다.

우리가 사는 이 세상을

파괴할 수도 있고

치유할 수도 있다.

이는 우리 한 사람 한 사람에게 달려 있다.

날마다 자리에 앉아

지구를 향해

사랑과 치유의 에너지를 보내라.

우리가 마음을 실어서 하면

세상에 변화를 가져올 것이다.

We can either destroy the planet
or we can heal it.
It is up to us individually.
Sit down every day and send some loving,
healing energy to the planet.
What we do with our minds makes a difference.

우리는 하나 1

나는 모든 생명체와 연결되어 있다

나는 정신이며, 빛이며, 에너지며, 진동이며, 색채며, 사랑이다. 나는 스스로 생각하는 것보다 훨씬 위대한 존재다. 나는 이 땅에 존재하는 모든 사람, 모든 생명과 연결되어 있다. 나는 내가 건강하며 온전하다는 것을 안다. 또한 내가 나 자신으로 존재하고, 서로가 서로를 사랑할 수 있는 안전한 사회에서 살고 있다는 것을 안다.

나는 나 자신과 우리 모두를 위한 비전을 가지고 있다. 지금은 치유와 완성의 시기. 나는 전체의 한 부분인 동시에 모든 생명체와 더불어 전체와 연결된 하나다. 진실로 그렇다.

우리는
지구 전체가 각성하는
새로운 의식의 폭발,
그 정점에 있다.
내 사고의 지평선을
어디까지 확장할 수 있을까?

We are on the cutting edge
of a new consciousness awakening
for the whole planet.
How far are you willing to expand
the horizons of your thinking?

우리는 하나 2

나는 지구에 사는 모든 사람과 하나다

나는 선과 악이라는 두 가지 힘이 있다는 것을 믿지 않는다. 존재하는 것은 오로지 '무한한 정신', 단 하나뿐이다. 사람들은 이 유일무이한 정신에서 비롯한 지성과 지혜와 도구를 각기 다른 여러 가지 방법으로 활용한다. 여기서 '사람들'이란 바로 '우리들'을 말한다. 우리가 바로 그 사람들이며, 우리가 곧 정부이자 교회이며, 우리가 곧 지구라는 행성이다. 따라서 변화를 이루기 시작할 장소는 우리가 존재하는 '바로 지금 여기'다. 우리는 종종 너무나도 아무렇지 않게 "악마 같은 자식들 같으니라고!" 또는 "다 그 녀석들 탓이야!"라는 식으로 내뱉는다. 하지만 우리가 바로 그들이다!

원망이나 비난, 죄의식, 두려움은
내가 저질렀으면서도
남을 탓하기만 하고
내가 책임지지 않는 데서
비롯되는 것이다.

Resentment, criticism, guilt
and fear come from blaming others
and not taking responsibility
for our own experiences.

원망

나는 사랑에 이끌린다

내 안의 모든 원망과 서러움을 꺼내어 떨쳐 버려라. 나는 어떤 사람이든지 몇 번이고 용서할 수 있다고 선언하라. 삶의 어느 시점에서 내게 어떤 식으로든 해를 끼친 사람이 있다면, 그 사람에게 '사랑의 축복'을 내린 다음 마음속에서 그 사람을 놓아 주라. 그런 다음에는 그 기억마저도 잊어 버려라. 정당하게 내 것이라면 어느 누구도 빼앗을 수 없다. 내게 속한 것은 언제나 내게 되돌아오는 게 신의 섭리다. 내게 돌아오지 않는다면, 그것은 처음부터 내게 속한 몫이 아닌 것이다. 이런 사실을 마음 편히 받아들여라. 원망을 없애는 일은 매우 중요하다. 나 자신을 믿어라. 나는 마음이 편안하다. 나는 오로지 사랑에 이끌린다.

어른이 되면
이웃 사람들이 자신을 보고
뭐라고 생각할지 전전긍긍한다.
'사람들이 나를 인정해주지 않으면 어쩌지?'
하지만 자신을 남과 비슷하게 만들어서
인정받으려고 하지 마라.
나는 유일무이한 존재다.
만일 내가 남과 비슷하다면
나만의 특별함을 표현하지 못한 것이다.

When we grow up, we get so worried about
what the neighbors think.
We say to ourselves:
"Will they approve of me?"
Everybody and everything is unique
and different and meant to be that way.
If we are like other people,
then we are not expressing
our own specialness.

유일무이한 존재

나는 둘도 없는 존재다

나는 내 아버지가 아니다. 내 어머니도 아니다. 나는 내 친척도 아니다. 나를 가르쳤던 학교의 선생님도 아니고, 누군가가 뭐라고 규정지을 수 있는 모습도 아니다. 나는 세상에 둘도 없는, 유일무이한 나 자신이다. 나는 특별하고, 유일하며, 나만의 재능을 갖춘 존재다. 어느 누구도 나와 똑같이 행동할 수 없다. 따라서 누군가와 경쟁이나 비교도 할 수 없다. 나는 나 자신을 인정하고 사랑할 만한 자격이 있다. 나는 위대한 존재다. 나는 자유롭다. 나를 위한 이 새로운 진리를 깨달으라. 진실로 그렇게 될 것이다.

아무리
틀에 박힌 생각이나
습관이라도
쉽게 바꿀 수 있다는 것을
믿어라.

Choose to believe that
it is easy to change
a thought or a pattern.

의무

나에겐 언제나 선택권이 있다

우리는 대개 자신에 대해서 어리석은 선입견을 가지고 있다. 나는 이렇게 타고난 사람이라든지, 인생은 모름지기 저렇게 살아야 한다는 식으로 쓸데없이 엄격한 규정으로 자신을 묶어 놓는다. 그 결과, 우리는 자신이 만든 '생각의 감옥'에 갇힌 죄수가 되고 만다.

이제부터 나의 사전에서 '해야 한다'라는 말을 영원히 없애기로 하자. '해야 한다'라는 말을 사용할 때마다 나는 스스로에게 잘못을 저지르거나, 남이 잘못된 일을 하도록 만든다. 앞으로는 '해야 한다'는 말 대신에 '할 수 있다'를 사용하자. '할 수 있다'라는 말은 나에게 선택권이 있다는 것을 일깨워 준다. 선택권은 곧 자유를 뜻한다. 내가 살면서 경험하는 모든 일은 내가 선택해서 이루어졌다는 것을 알아차려야 한다. 해야만 하기에 하는 일은 사실상 아무것도 없다. 모두 내가 선택했기에 이루어지는 일이다.

꾸물거림은
또 다른 형태의
저항이다.

Procrastination is
another from of resistance.

일

나는 내가 정말로 즐기는 일을 한다

나 자신이 하는 일에 대해서 어떻게 생각하는가? 마지못해서 하는 고역이라고 여기는가, 아니면 진정으로 하고 싶은 즐거운 일이라고 여기는가? 내가 하는 일이 내 인생을 충만하게 만들어준다는 것에 확신을 가져라. 나는 일을 통해 즐거움을 맛본다. 나는 일을 통해 우주의 창조성을 실현하며, 우주의 창조성은 나를 통해 스스로를 충분히 표현한다. 내가 하는 일에 대해 부정적인 마음이 들 때마다 이것을 기억하라.

살다보면
내가 누군가에게 꼭 주어야 하는 바로 그것이
꼭 필요한 사람이 있게 마련이다.
그런 식으로
우리는 삶이라는 바둑판 위에서
서로 만나게 된다.

There are people looking for
exactly what you have to offer,
and you are being brought together
on the checkerboard of life.

일자리

자신이 하고 있는 일을 축복하라

내 직업은 신을 표현하는 일이다. 나는 내가 하는 일을 축복한다. 나를 통해 신성한 지혜가 지닌 힘을 입증할 수 있다는 것에 대해 감사한다. 나에게 시련이 닥치면, 내 고용주인 신이 주신 기회임을 깨닫는다. 머릿속을 청정하게 비운 후, 내면으로 몰입하여 내 마음을 채울 치유의 말을 기다린다. 나는 이 치유의 계시를 기쁘게 받아들인다. 내가 일을 잘 해냈기에 보상받을 자격이 있음을 안다. 이렇게 가슴 뛰는 일을 한 대가로 나는 풍부한 보상을 받는다.

  나의 동료 직원들은 서로 돕고, 사랑하며, 유쾌하고, 열정적이다. 이 성실한 일꾼들은 자신이 의식을 하든 그렇지 않든, 신의 섭리를 땅 위에 펼치고 있다. 결코 쉬는 법이 없는 '유일한 정신'은 사람들을 통해 자신을 완벽하게 표현한다. 그것은 눈에 보이지 않지만 언제나 존재하는 사장이며 대표이사다. 나는 신을 표현하는 창조적인 행위가 나에게 경제적인 풍요를 가져다 주리라는 것을 알고 있다. 그 일에는 언제나 충분한 보상이 주어지기 때문이다. 그리고 진실로 그렇다.

인생에서 일어나는 모든 일은
우리 자신을 비추는 거울이다.
외부에서 뭔가 불편한 상황이
벌어지고 있다면
우리는 내면을 돌아보며
자문해야 한다.
"나는 왜 이런 일이 일어나게 했을까?"
"내 안의 무엇이,
내가 이런 경험을 치러야 마땅하다고 허락했을까?"

Everything in our lives is a mirror of us.
When something is happening out there
that is not comfortable,
we have to look inside and say:
"How am I creating it?"
What is it within me that
believes I deserve this experience?"

일 터

내가 일하는 곳은 완벽하다

나는 회사로 출근하면서, 내가 일하는 공간이 감사와 보람으로 가득 차 있다고 생각한다. 내 일터에는 우편물 및 화물을 위한 설비도 잘 갖추어져 있고, 사무실이나 회의 공간 등 업무에 필요한 시설이 완벽하게 갖추어져 있다. 함께 일하는 동료들은 서로에게 잘 협조하며 헌신적이다. 일터는 평화롭고, 질서정연하며, 청결하다. 나는 스스로 일을 즐기며 그것을 통해 영적 성장을 이루고, 우리가 어울려 사는 세상을 치유하고 조화롭게 만드는 데 기여한다. 직장은 사람들이 마음을 활짝 열고 자신의 활동에 열중할 수 있도록 도와 주는 공간이다. 나는 아낌없이 나를 지원해 주는 일터에 진심으로 감사한다. 진실로 그렇다.

내 마음 속에

아직도 숨어 있는

부정을 찾아내서 용서하라.

그리고

잊어 버려라.

Search your heart for injustices
that you still harbor,
forgive them and let them go.

일터에서의 조화

나는 진리와 평화의 중심에 있다

내가 어디에 있든, 내 곁에는 순수의식, 신성, 무한한 지혜, 지고한 선善, 한없는 조화와 사랑이 함께한다. 이것은 당연한 일이다. 실체는 원래 둘이 아니며, 하나이기 때문이다. 그러므로 지금 이 순간, 내 일터에는 무한한 지혜와 조화와 사랑만이 존재함을 선언하며 또 확신한다.

내가 해답을 얻지 못할 문제는 없다. 이제 나는 일터에서 조화롭지 못한 부분을 감지했을 때 단순히 문제를 없애는 데 급급하지 않고, 신성한 바른 행위를 통해 진정한 조화가 이루어지도록 할 것이다. 나는 조화롭지 않고 혼란스러워 보이는 와중에서도 배우고 성장한다. 나는 타인이나 외부적인 상황을 탓하기보다는 진리를 탐구하기 위해 내면으로 주의를 돌릴 것이다. 나에게 부조화한 상황을 만드는 의식의 패턴이 있다면, 그것이 무엇이든 기꺼이 떨쳐 버릴 것이다.

나는 진리를 알고자 하며, 진리가 나를 자유롭게 하리라. 신성한 지혜, 신성한 조화 그리고 신성한 사랑이 나와 내 주위 사람들, 직장 동료들에게도 함께하리라. 내가 하는 일은 곧 신의 일이며, 신은 우리가 어떻게 살아가야 하는지 가르쳐 주고 또 이끌어 준다. 나를 비롯해 나와 함께 일하는 모든 사람들에게 평화와 안정과 조화, 그리고 자신과 타인을 기쁜 마음으로 껴안을 수 있는 사랑이 있음을 선언한다. 나는 내 주된 관심인 진리를 탐구하면서, 기쁜 마음으로 인생을 살아갈 것이다.

우리가 진실이라고 굳게 믿는 것 중에
어떤 것은 진실이 아니다.
그것은 나쁜 일이 일어날지도 모른다는
누군가의 두려움일 뿐이다.
그러니 다시 한번 잘 생각해 보고,
부정적인 생각은 바꿔라.
나는 좋은 것을 누릴 자격이 있다.

Some of the things
we believe were never true.
They were someone else's fears.
Give yourself a chance
to examine your thoughts.
Change those that are negative.
You are worth it.

자격 1

나는 좋은 것을 누릴 자격이 있다

'내가 행복해질 리가 없어'라는 마음의 소리가 들릴 때, 혹은 살면서 많은 축복을 누리는데도 이 소리가 가시지 않을 때, 우리는 자신의 행복을 가로막는 일을 스스로 저지르고 만다. 자신이 좋은 것을 누릴 자격이 없다고 믿으면, 그 믿음대로 이루어질 것이다. 스스로 자신에게 상처를 입힐 때도 있고, 몸이 시름시름 아프거나, 뜻밖의 사고를 당할 수도 있다. 우리 스스로, 자신의 인생에서 좋은 것을 누릴 만한 자격이 충분하다고 믿어야 한다.

우리는

아주 어릴 때부터

신념 체계를 습득한다.

그리고

그 신념에 일치하는

경험을 창조하며

살아간다.

We learn our belief systems
as very little children.
We then move through life
creating experiences
to match our beliefs.

자격 2

나는 행복할 자격이 있다

'충분히 만족스럽지 않은' 여건에서 사는 게 당연하다고 믿는 사람들이 많다. 부모나 가정환경 때문에 어쩔 수 없는 한계가 있다고 할지라도, 그것에서 벗어나겠다고 선언하라. 거울을 보고 자신을 향해 말하라. "나는 모든 좋은 것을 누릴 자격이 있다. 나는 풍요를 누릴 자격이 있다. 나는 행복을 누릴 자격이 있다. 나는 사랑하고 사랑받을 자격이 있다." 두 팔을 활짝 벌리고 말하라. "나는 마음을 열고 잘 받아들인다. 나는 훌륭한 사람이다. 나는 좋은 것이라면 무엇이든 누릴 자격이 있다. 나는 진심으로 받아들인다."

내가 진짜 사랑하는
이미지를 찾아 보라.
꽃, 무지개, 노래,
좋아하는 운동 경기, ……
두려워질 때마다
그 이미지를 떠올려 보라.

Find an image of something
that you really love:
flowers, a rainbow, a special song,
a sport that you love.
Let that be the image
that you use every time
you start to scare yourself.

자연재해

나는 자연과 조화를 이룬다

나는 내가 자연과 조화를 이루고 있음을 알고, 또 그렇게 확신한다. 나는 스스로를 사랑하며, 나를 있는 그대로 받아들인다. 나를 둘러싼 세상은 모두 순조롭게 흘러간다. 나는 무한한 생명의 숨결을 들이마시며, 내 몸과 정신과 감정이 편안하게 쉬도록 한다. 아무것도 두려워 할 것이 없다. 태양, 달, 바람, 비, 땅, 지구의 자전과 공전 등 나는 이러한 근원적인 생명의 흐름과 조화를 이룬다.

이 땅을 편안하게 안정시켜주는 그 힘과 나는 친구다. 나는 모든 만물과 함께 평화롭게 지내고 있다. 자연은 나의 벗이다. 나는 물 흐르듯 유연하다. 나는 언제나 안락하고 편안하다. 그 무엇도 내게 해를 끼칠 수 없다. 나는 더할 나위 없이 안전한 가운데 잠이 들고, 다시 깨어난다. 나만 안전한 것이 아니라 내 가족과 친구, 다른 사랑하는 사람들도 모두 그렇다. 나는 근원적인 힘이 언제나, 어떤 상황에서든 나를 안전하게 지켜 주리라고 믿는다.

우리는 우리의 현실을 스스로 창조한다. 그래서 '유일한 정신'이 깃든 안전한 현실을 창조한다. 내가 머무르는 곳은 언제나 안전하다. 혹시 불안전한 상황에 처하더라도 그것은 단지 변화일 뿐, 나는 안전하다. 나는 나를 사랑하며, 있는 그대로 받아들인다. 나는 나를 믿는다. 내가 사는 세상에서는 모든 것이 순조롭다.

자기혐오와 죄의식이 많을수록
삶은 뜻대로 풀리지 않는다.
자기혐오와 죄의식이 적을수록
삶은 모든 차원에서
순탄하게 풀린다.

The more self-hatred and guilt we have,
the less our lives work.
The less self-hatred and guilt we have,
the better our lives work-
on all levels.

자유

나는 자유로운 존재다

나는 순수의식이다. 나는 빛이요, 에너지다. 나는 내가 자유로운 존재임을 알고 있다. 나는 자유롭게 생각하며 자유롭게 느낄 수 있다. 또한 사람들과 자유롭게 관계를 맺을 수도 있다. 내 몸은 자유롭고, 내 삶도 자유롭다. 내 안에 깃든 순수의식과 내가 근원적으로 하나이기 때문에, 순수의식이 가진 자유를 나도 나눠 가졌다. 나는 나의 에고가 조작해 내는 두려움과 한계를 모두 놓을 것이다. 이로써 더 이상 낭패감 때문에 시달리지 않을 것이다.

순수의식과 연결되면, '나'라는 개인이 갖고 있는 개성, 여러 가지 문제들, 질병에서 벗어나게 된다. 내 안에 있는 순수의식과 더욱 긴밀하게 연결될수록, 나는 삶의 모든 영역에서 점점 더 자유로워진다. 순수의식이 내가 되고, 내가 순수의식이 되어 완전한 자유를 얻게 될 것이다. 인생의 어느 한 영역에서 자유로워지면, 다른 모든 분야에서도 자유로워진다. 나는 자유로워질 준비가 되어 있으며, 기꺼이 자유로워질 것이다.

나의 일부를 이루고 있는 순수의식은 어떻게 해야 나를 유익한 방향으로 이끌 수 있는지를 이미 알고 있다. 나는 순수의식을 믿기에 안심하고 자유를 얻을 것이다. 나는 마음껏 나를 사랑할 것이다. 나는 사랑의 물줄기가 되어, 사랑이 나를 통해 마음껏 흐르도록 할 것이다. 나는 마음 놓고 자유를 누린다. 나는 순수의식이며, 자유 그 자체다. 진실로 그렇다.

우리는 기껏해야
뇌의 10퍼센트만 사용한다.
우리는 왜 나머지 90퍼센트를
사용하지 않을까?
그 까닭에 대해 생각해보라.
뇌를 온전히 사용한다면
우리는 얼마나 더 많은 걸
알 수 있을까?

We operate with ten percent
of our brains.
What is the other ninety percent for?
Think about that.
How much more can we know?

잠

나는 근심을 내려놓고 평화롭게 잠이 든다

우리는 수면을 통해 자신을 회복하고 하루 일과를 마무리한다. 육체는 잠을 자는 동안 탈이 난 부분을 고쳐 스스로를 재생한다. 마음은 잠을 자는 동안 꿈을 꾸는 상태로 들어가 하루 동안 생긴 문제를 해결한다. 눈을 뜨면 맞이하게 될 새로운 하루를 준비하는 것이다.

우리는 잠자리에 들어서 뭔가 긍정적인 생각을 하고 싶어 한다. 멋진 새 날과 미래를 창조하고 싶기 때문이다. 그러니 마음속에 남은 노여움이나 원망이 있다면 잠자리까지 가져가지 말고 털어버리도록 하라. 질투심이나 복수심이 있더라도 그만 잊어라. 죄책감이나 자기 학대 같은 것이 마음 한구석에 남아 있더라도, 마찬가지로 그만 놓아라. 잠자리에 누워 잠을 청할 때는 몸과 마음으로 평온함만을 느껴라.

잠재의식을 변화시키려면
먼저 몸을 편안히 이완해야 한다.
긴장을 풀어라.
그리고 감정이 흘러가는 대로 내버려 둬라.
마음을 활짝 열고
모든 것을 있는 그대로
받아들이겠다는 마음가짐으로 임하라.
나는 내 삶의 주인이다.
나는 언제나 안전하다.

In order to reprogram
the subconscious mind,
you need to relax the body.
Release the tension.
Let the emotions go.
Get to a state of openness and receptivity.
You are always in charge.
You are always safe.

잠재의식

내 인생은 기쁨이다

잠재의식은 그것이 진실이든 거짓이든, 또는 옳든 그르든 상관하지 않는다. 자신이 입력한 그대로를 믿어버린다. 그러니 "젠장, 난 정말 바보야" 같은 말을 결코 해서는 안 된다. 잠재의식이 그 말을 그대로 받아들이기 때문이다. 그런 말을 하면 자신도 모르는 사이에 스스로를 정말 그렇게 생각하게 된다. 자신이 말한 그대로 믿기 시작한다. 농담으로라도 자신을 비웃거나 인생에 대한 악담을 하지 마라. 당신의 잠재의식이, 당신도 모르는 사이에, 그런 경험을 창조하기 시작한다.

행복이란,

나 자신을

기분 좋게 느끼는 것이다.

Happiness is
feeling good
about yourself.

재미

나는 원하는 일을 할 수 있다

나는 이제 어른이다! 내가 하고 싶은 일이라면 무엇이든 할 수 있다. 내가 하고 싶어 하는 일을 할 때마다, 세상엔 놀라운 일이 벌어진다. 다른 사람의 명령이나 요청에 반드시 응할 필요는 없다. 진실로 원하지 않는 일에는 '아니오'라고 말하는 것이 나를 성장시킨다. 이렇게 스스로 성장해 나감에 따라 세상은 점점 더 재미있어진다. 나는 마음껏 재미를 누린다. 내가 재미를 누릴수록, 사람들은 나를 더 많이 사랑하게 된다. 나는 나 자신을 사랑하고 인정한다. 나는 나를 기분 좋게 느낀다. 나를 둘러싼 세상은 이처럼 온갖 재미있는 일로 가득 차 있으며, 모든 일이 순조롭다.

치유할 수 없는 문제라는

말을 듣거든

그것이 진실이

아님을 명심하라.

우리에게는

더 위대한 힘이

있다는 것을 알라.

Everytime you hear
something is incurable,
know in your mind that is isn't true.
Know there is a Power greater.

정신

정신은 무한하며 또 영원하다

태양은 언제나 빛난다. 구름이 몰려와서 잠시 가린다고 해도, 그 너머에서 태양은 여전히 빛난다. 태양은 한시도 쉬지 않고 빛난다. 지구가 자전하여 일시적으로 태양이 사라진 것처럼 보일 때도 태양은 여전히 빛난다. 결코 스러지지 않는다. 무한 권능과 무한 정신도 이와 마찬가지로 영원하다. 언제나 그 자리에서 우리에게 빛을 던져준다. 부정적인 생각이 구름처럼 몰려와서 그것을 잠시 가린다고 해도 마찬가지다. 무한한 힘과 무한한 정신은 언제나 우리 곁에 있다. 무한한 힘과 무한한 정신에서 비롯되는 치유 에너지도 늘 우리와 함께한다.

삶이란 하나의 과정이다.
내가 나 자신의
가장 좋은 친구,
함께 있으면
가장 즐거워지는
그런 좋은 친구가 되는
과정 말이다.

You are in the process
of becoming your own best friend-the person
you are most joyous to be with.

조건 없는 사랑

나는 지금 그대로의 나 자신을 사랑하고 받아들인다

사람들은 흔히 이런저런 조건을 정해 놓고, 그 조건이 충족될 때까지 자신을 사랑하려 들지 않는다. 가령 '체중을 더 줄이면 날 사랑하겠어', '새로운 직장에 취직할 때까지는 날 사랑하는 걸 보류하겠어' 혹은 '근사한 여자 친구가 생기면 그때 가서 날 사랑하겠어' 등의 이유로 미루는 것이다. 하지만 체중을 줄이거나, 새 직장을 구하거나, 연인이 생겼는데도 자신을 사랑하고 싶어지지 않으면 어떻게 하겠는가? 또 다른 조건 목록을 작성하여 다시 한번 자신을 사랑하기를 미룰지도 모른다. 내가 나를 있는 그대로 사랑할 수 있는 시간은 오로지 지금 이 순간뿐이다. 조건 없는 사랑이란 아무것도 더 바라지 않는 사랑을 말한다. 지금 있는 그대로를 받아들이는 것이다.

삶에서 벌어지는
모든 일, 모든 경험, 모든 관계는
나의 내면에서 일어나는
마음의 풍경을 반영한 거울이다.

Everything in your life,
every experience,
every relationship
is a mirror of the mental pattern
that is going on inside you.

조화

나는 조화로운 존재다

나는 완벽하고, 온전하며, 빈틈없는 '신성한 정신'의 중심이다. 내가 하는 일은 모두 신성이 인도하는 것이다. 따라서 자연히 바른 길로 나아가 완벽하게 결실을 맺는다. 그러므로 나는 마음 놓고 내가 하고 싶은 대로 변화할 수 있다. 나는 혼란스럽거나, 갈등을 일으키거나, 불경하거나, 믿을 수 없는 모든 생각이나 자극을 떨쳐 낸다. 그러한 생각은 내 의식에서 완전히 사라진다. 나는 만나는 모든 사람과 조화롭게 관계를 맺는다. 사람들은 나와 지내고 싶어 하며, 같이 일하고 싶어 한다. 내가 표현하는 생각이나 감정을 다른 사람들은 쉽게 이해하고 받아들인다. 나는 사랑스럽고 유쾌한 사람이며, 모든 사람들이 나를 좋아한다. 나는 안전하다. 나는 어디에 있든 모두의 환영을 받는다. 내가 사는 이 세상은 모든 일이 순조롭고, 내 삶은 갈수록 더 행복해진다.

죄의식을 가진다고 해서
기분이 나아지지도
상황이 바뀌지도 않는다.
그러니 자책하지 마라.
자신을 감옥에서
나오게 하라.

Guilt never makes anyone feel better,
nor does it change a situation.
Stop feeling guilty.
Let yourself out of prison.

죄의식

어떤 잘못을 했든 자신을 용서하라

너무나 많은 사람들이 먹구름처럼 두꺼운 죄의식에 짓눌려서 살아가고 있다. 자신이 늘 뭔가를 잘못하고 있다고 생각한다. 또 실제로 자신이 하지 않은 일에 대해 사과를 하기도 한다. 그리고 과거에 잘못을 저지른 자신을 용서하지 못할 것만 같은 기분으로 살아간다. 그러고는 자신이 그런 것처럼 남에게도 똑같이 죄의식을 강요한다.

  죄의식을 가진다고 해서 문제를 해결할 수는 없다. 과거에 누군가에게 정말로 미안한 일을 저질렀다면, 더 이상 하지 않으면 된다. 그에게 다른 뭔가로 보상해줄 수만 있다면, 그렇게 하라. 죄의식을 가지면 자신이 처벌받기를 스스로 바라게 되고, 그로 인한 고통이 생긴다. 자기도 모르게 스스로에게 벌을 주는 것이다. 자신을 용서하고, 그리고 남을 용서하라. 스스로를 가둔 감옥 문을 열고 밖으로 걸어 나오라.

'깨달음의 시대'다.
구원자를 밖에서 찾지 마라.
안으로 눈을 돌려
자신의 내면을 살피는 법을 배워라.
사람들은 여기저기
신을 찾아다니지만
'나'라는 존재 자체가 바로 신이다.
우리 모두는 우주와 하나다.
근원적인 생명, 그 자체다.

In the Aquarian Age
we are learning to go
within to find our savior.
We are the power we are looking for.
Each one of us is totally linked
with the Universe and with Life.

지구 공동체

이 세상은 지상 천국이다

이 세상은 영적인 존재들의 공동체다. 각자가 가진 영적인 에너지를 함께 나누고, 함께 키워서, 세상으로 표현하고 분출하는 존재들의 공동체다. 물론 우리는 각자 자기가 원하는 행복을 자유롭게 추구하기도 한다. 하지만 서로 힘을 모았을 때 좀 더 목표를 수월하게 이룰 수 있다는 것을 알고 기꺼이 협력하기도 한다.

나는 우리가 힘을 모아서 세상을 천국으로 만들었으면 하는 희망을 가지고 있다. 영적으로 성장하는 것을 가장 중요하게 여기는 세상, 그리고 영적인 성장이 모두의 가장 큰 관심사가 되는 그런 세상 말이다. 그런 세상에서 우리는 벌어먹고 살기 위해 고된 노동을 하는 것이 아니라, 자신을 창조적으로 표현하기 위해 일하게 될 것이다. 우리 삶 자체가 조화롭고, 사랑스럽고, 평화롭게 신을 표현하는 일이 될 것이다. 교육이란, 우리가 타고날 때부터 알고 있던 지혜를 다시 기억해내 행동으로 옮기는 과정이 될 것이다. 질병, 가난, 범죄, 퇴폐적인 향락이나 사기도 사라질 것이다. 바로 지금 여기에서, 우리 모두가 함께 시작하면 된다. 진실로 그렇다.

명상이란,

나 자신을

진정으로 고요하게 만드는 일이다.

내면의 지혜에

닿을 수 있도록.

Meditation is really
just quieting yourself enough
so you can get it touch with
your own inner wisdom.

지혜

내면의 지혜를 따르라

자신의 마음속에 깃든, 사랑이 샘솟는 자리에서부터 명상을 시작하라. 그 근원에 머물면서 있는 그대로의 자신을 사랑하라. 내가 바로 '신성' 그 자체이며, 근원적인 생명의 '위대한 표현'임을 인식하라.

바깥에서 무슨 일이 벌어지든 나의 정신은 늘 근원에 머문다. 어떠한 상황에서도 나는 내 마음대로 생각할 수 있고 느낄 수 있는 자유가 있다. 진실로 그렇다. 나는 스스로를 사랑하기를 멈추지 않는다. 나는 늘 마음의 문을 활짝 열어둔다. 그리고 내면의 목소리에 귀를 기울이며 올바른 길로 나아간다. 내면의 지혜는 나를 위한 해답을 알고 있다. 때로는 내면의 지혜가 말하는 해답과, 친구들이 내게 권하는 해답이 달라서 당황하기도 하지만 나는 무엇이 궁극적으로 나를 위한 길인지 잘 알고 있다. 그래서 내가 올바른 선택을 할 수 있도록 스스로에게 용기를 준다. 그럼에도 의심이 들거나 망설임이 생길 때는 이렇게 자문한다. '나는 과연 내면에서 넘쳐흐르는 진정한 사랑으로 이 일을 하는가? 이것은 나를 사랑하는 마음에서 비롯된 결정인가? 이 일이 지금 나에게 합당한가?'

하루나 일주일, 한 달이 지나고, 훗날 어느 시점에서 되돌아보면 지금 내린 결정이 올바르지 않을 수도 있다. 그렇다면 그때 가서 다른 선택을 하면 된다. 매순간 스스로에게 물어보라. '이 일이 나에게 합당한가?' 그리고 이렇게 선언하라. '나는 스스로를 사랑하며 올바른 선택을 하고 있다.'

사랑과 기쁨과 웃음이 넘치는 곳에서,
그리고 자신의 가치를 인정해주는 곳에서
일할 수 있다면
우리는 일을 더 훌륭히 해낼 뿐 아니라
두 배는 더 열심히 일할 것이다.
이제까지 내가 알던 것 이상으로
나에게 재능과 능력이 있다는 것을
발견하게 될 것이다.

If you work where there
is love and joy and laughter,
and you are appreciated,
you are going to do such a good job
and work twice as hard.
You will find that you have more talents
and abilities than you ever knew you had.

직업 1

우리가 하는 일은 모두 신의 섭리다

우리가 하는 일은 모두 신의 섭리다. 신의 섭리는 '신성한 사랑'에서 비롯되며, 사랑으로 유지되는 '유일한 정신'이다. 우리가 직장에서 일하는 이유도 이 신성한 섭리, 신의 섭리 때문이다. 왜냐하면 지금 이 순간, 이 장소에 존재하는 것 자체가 우리 각자의 신성한 권리이기 때문이다. 우리 모두는 신성한 조화 속에서, 가장 생산적이고 즐거운 방식으로 함께 나아간다. 신성한 사랑이 우리를 이곳으로 인도했다. 우리가 하는 일의 면면에는 한 치의 빈틈도 없이 신의 섭리가 깃들어 있다. 신성한 지혜로 인해 우리는 물건을 생산하며 봉사할 수 있다. 신성한 사랑 덕분에 도움을 원하는 사람에게 기꺼이 도움을 줄 수 있다.

우리는 이제 불평하고 비난하는 습관을 버린다. 맡은 일을 할 때도 다른 때와 마찬가지로 우리가 마음대로 현실을 창조한다는 점을 알기 때문이다. 우리는 신의 섭리에 따라 일을 제대로 해 낼 수 있다는 것을, '마음'이라는 도구를 사용하여 우리의 삶을 보다 풍요롭게 할 수 있다는 것을 알고 그렇게 선언한다. 우리는 어떤 식으로든 '자신의 생각'에 지나지 않는 한계를 짓는 태도를 거부한다. 신의 섭리는 바로 우리 일터의 상담원이다. 신의 섭리에는 아직 드러나지 않은 계획도 있다. 하지만 우리의 일이 신의 섭리에서 비롯된 것이기 때문에, 삶은 사랑과 기쁨으로 충만하다. 진실로 그렇다.

다른 사람의 성공을
기뻐하고 축하하라.
성공은 모든 사람에게
돌아가고도 남을 만큼 넉넉하니까.

Rejoice
in other people's
Successes because
there is plenty for everyone.

직업 2

우리가 하는 일은 번영하게 되어 있다

우리는 '우주의 마음'과 하나다. 그러므로 바로 지금 여기에서, 우리는 모든 지식과 지혜를 이용할 수 있다. 신성이 우리를 인도하고 있기에 우리가 하는 일은 번영하고 확장하고 성장한다. 이제 우리는 돈의 흐름에 대한 기존의 부정적인 선입관을 떨쳐 버리자. 우리의 은행 계좌로 엄청난 돈이 쏟아져 들어오는 것을 상상하며 그 사실을 받아들이자. 그리하여 우리가 '번영'으로 도약할 수 있도록 의식을 활짝 열어 놓자. 우리에게는 쓰고, 저축하고, 함께 나누고도 남을 만큼 충분한 돈이 생긴다. '번영의 법칙'에 따라 엄청난 양의 현금이 계속해서 흘러 든다. 번영의 법칙에 따라 온갖 청구서를 지불할 수 있는 것은 물론이고, 우리에게 필요한 모든 것에 쓰고도 남는 돈이 생긴다. 함께 일하는 모두가 번영을 누린다. 이제 우리는 저마다 '번영'이라는 의식의 살아 있는 본보기가 되기로 하자. 우리는 편안하고, 안락하며, 아름답게 살고 일한다. 우리 마음은 평화롭고 안정되어 있다. 우리의 일이 기대 이상으로 계속하여 성장하고 번영하는 모습을 기쁘고 감사한 마음으로 지켜 본다. 그리고 우리가 하는 일에 사랑의 축복을 보낸다. 진실로 그렇게 될 것이다.

넘쳐 나는 수많은 상품도
내가 그 물건을 사용하지 않으면
내게 좋을 것도 없고, 나쁠 것도 없다.
말도 마찬가지다.
나의 한계를 지적하는 이런저런 말들이 도처에서 들리지만
남들이 뭐라고 하는지는 중요하지 않다.
내가 그것에 어떻게 반응하고
스스로를 어떤 사람이라고 믿고자 하는지
그것이 중요하다.

There are so many products being sold
on the basis that you are not good enough
or acceptable enough unless you use that product.
Messages of limitation come from many places.
It does not matter what other people say.
It is how we react and what we choose
to believe about ourselves that matters.

직업 3

우리가 하는 일은 모두 신의 일이다

우리는 신성한 지혜와 손을 잡고 있다. 우리는 바깥의 부정적인 요소에 대해서는 관심을 두지 않는다. 우리와 아무 상관이 없기 때문이다. 우리는 긍정적인 성과를 기대하고, 또 긍정적인 성과를 거둔다. 직장에서 일을 할 때 우리는 가장 청렴하고 성실하게 일하는 사람에게 끌리게 되어 있다. 우리는 모든 일을 가장 긍정적인 방식으로 처리한다. 그리하여 우리가 하는 모든 일에서 계속 성공을 거둘 것이다.

  우리와 함께 일하는 모든 사람들도 축복과 번영을 약속받는다. 그 사람들은 우리와 연결되어 있음에 기뻐한다. 우리는 이 땅과 이 땅에 사는 한 사람 한 사람을 도울 수 있음에 항상 감사한다. 우리는 지고한 지혜 속으로 들어가, 지고한 지혜와 연결된다. 그리고 언제나 우리와 연관된 모든 이들에게 가장 큰 이익을 줄 수 있도록 인도받는다. 우리의 지식은 언제나 꼭 필요한 곳에 쓰인다. 우리는 언제나 건강하고 행복하다. 모든 것이 조화로우며, 신의 섭리 한가운데에 있다. 모든 것이 더할 나위 없이 좋다. 우리는 이 모든 것이 진실로 그러함을 알고 있다. 진실로 그렇다.

지금 살고 있는 집을 떠나
다른 집으로 이사를 가고 싶다면
우선 집이 있다는 사실에 감사하라.
그 집에 감사하라.
"난 여기가 싫어"라고 말하지 마라.
그 집에 머물면서 사랑하던 것마저
놓칠 수 있기 때문이다.
지금 자신이 살고 있는 그곳을 사랑하라.
그래야 내가 원하는 멋진 새 집이 나에게 다가올 수 있다.

If you want to move from where you are,
thank your present home
for being there for you. Appreciate it.
Don't say: "Oh, I hate this place",
because then you are not going to find
something you really love.
Love where you are,
so you can open yourself
to a wonderful new place.

집

내 집은 평화로운 안식처다

내가 사는 집을 살펴 보라. 그 집에 사는 것이 정말로 좋은가? 그 집이 편안하고 쾌적한가, 아니면 비좁고 더러우며 언제나 어질러져 있는가? 집에 대해 떠올릴 때마다 그리 유쾌한 기분이 들지 않는다면, 그 집에서 행복을 누리기는 힘들다. 내가 사는 집은 바로 나 자신을 반영한 것이기 때문이다. 지금 당신의 집은 어떤 상태인가? 옷장과 냉장고를 말끔히 청소하라. 옷장에 한동안 입지 않은 해묵은 옷가지가 많다면 몽땅 꺼내서 팔거나, 남에게 주거나, 불에 태워 버려라. 새 옷을 넣을 수 있도록 옷장에 여유 공간을 만들어라. 옷장을 정리하면서 이렇게 말하라. "나는 지금 내 마음의 옷장도 함께 청소하고 있어." 같은 방식으로 냉장고도 청소하라. 오랫동안 자리를 차지해온 신선하지 않은 음식과 먹다 남은 음식 찌꺼기를 모두 버려라. 어질러진 옷장과 엉망진창인 냉장고를 내버려 두는 사람은, 자신의 정신도 헝클어진 상태로 방치하는 사람이다. 집을 살기에 쾌적한 곳으로 만들어라.

희생자 노릇처럼 쉬운 것도 없다.
언제나 다른 사람이 잘못한 것이 되니까.
잘못을 남에게 미루거나 떠넘기지 마라.
온전히 자기 두 발로 꿋꿋하게 서서
자신이 한 일은 스스로 책임져야 한다.

It is very comfortable to play victim,
because it is always somebody else's fault.
You have to stand on your own two feet
and take some responsibility.

책임

나는 기꺼이 책임을 감당하겠다

책임을 지는 것과 책임을 추궁하는 것 사이에는 큰 차이가 있다. 책임에 대해 이야기할 때, 우리는 사실상 '우리가 지니고 있는 힘'에 대해 이야기하는 것이다. 책임을 추궁할 때, 우리는 사실상 '우리가 누군가를 나무라는 일'에 대해 이야기하는 것이다. 책임감은 일종의 재능이다. 책임감은 우리가 스스로 변화할 수 있도록 효과적인 압력과 자극을 제공해준다.

하지만 불행히도 책임감을 죄의식으로 잘못 해석하는 사람들이 있다. 이런 사람들은 대개 이런저런 이유를 들어가며 만사를 죄의식으로 엮어버리는 경향이 있다. 그들에게는 죄의식이 아닌 다른 것으로 해석하면 자신들이 잘못한 게 되기 때문이다. 그들의 관점은 적어도 한 가지 측면에서는 유용하다. 내가 억울한 책임을 지고 있다고 느껴질 때, 나를 제외한 다른 모든 사람에게 책임을 전가할 수 있다는 점이다. 하지만 그런 식으로 행동해서는 결과적으로 나에게 이롭지 않다. 내가 긍정적으로 변화할 수 있는 기회를 놓치게 되기 때문이다.

책임감을 가지라는 말이 죄의식을 가지라는 말은 아니다. 하지만 책임감을 죄의식처럼 받아들이는 사람들에게, 그들의 생각을 바꾸도록 우리가 해줄 수 있는 일은 없다. 누구나 자기 마음속 잣대에 따라 정보를 받아들이기도 하고 내치기도 하기 때문이다. 그러니 내버려두라. 그들이 죄의식을 느끼는 것까지 우리의 책임은 아니니까.

치유란

온전하게 되돌리는 일이다.

내 일부만

아끼고 사랑하는 것이 아니라

나의 전부를 받아들이는 것이다.

Healing means to make whole,
to accept all parts of ourselves,
not just the parts we like,
but all of us.

치유

나는 모든 차원에서 나를 치유할 수 있다

이제 나 자신을 측은하게 여기고, 치유의 힘을 불어넣을 시간이다. 조용히 내면으로 들어가서 자아와 만나라. 자아를 통해 자신을 치유할 수 있는 방법을 저절로 알게 될 것이다. 나 자신을 치유하는 일은 얼마든지 가능하다. 내가 나 자신을 치유하는 과정에 있다는 걸 알기만 하면 된다. 이제 나에게 치유력이 있다는 사실을 드러낼 때다. 그 치유력은 강하며 효과가 크다. 나에게는 말로 표현하기 어려울 만큼 엄청난 능력이 있다. 그러니 그동안 미처 알지 못했던 능력을 찾기 위해 새로운 차원으로 나아가라. 단지 질병만 치료하는 것이 아니라 모든 차원에서 진정으로 자신을 치유하라. 나의 본질은 순수의식이며, 그렇기 때문에 나는 얼마든지 나 자신을, 그리고 세상을 구원할 수 있는 것이다. 진실로 그렇다.

우리 내면이 변화하지 않는 한
질병은 되돌아오거나
또 다른 질병을 만들어낼 것이다.

If we don't make internal changes,
the dis-ease either comes back
and we create another dis-ease.

치유 에너지 1

내 존재를 빛으로 반짝이게 하라

마음의 중심을 깊숙이 들여다보면, 마음 한가운데 찬란하게 빛나는 지점을 발견하게 될 것이다. 그 광채가 너무나 아름답다. 그곳이 나의 사랑과 치유 에너지의 중심이다. 그 빛나는 광채가 맥박 치기 시작하면, 온 마음을 가득 채울 정도로 점점 커진다. 나중에는 그 에너지가 머리끝에서 손끝, 발끝까지 퍼져 나간다. 나는 이 아름다운 광채와 함께 빛난다. 나는 사랑이며, 치유의 에너지다. 내 몸은 그 빛과 함께 진동한다. "숨을 들이쉴 때마다 나는 점점 더 건강해진다"라고 말하라. 그 밝은 빛이 내 몸에 있는 질병을 씻어내는 걸 느껴보라. 그 광채가 내게서 뿜어져 나와서 나 자신과 온 세상을 비추도록 하라. 내가 있는 곳에 빛이 있다. 모든 것이 온전함을 인식하라. 나는 중요한 존재며 대단히 가치 있는 존재다. 그래서 가슴에서 우러나오는 사랑으로 행하는 것이 정말로 중요하다. 나는 변화를 이룰 것이고, 치유될 것이다. 진실로 그렇다.

병은 용서하지 않기 때문에
더욱 커지는 것이다.
용서란 모르는 척 눈감아 주는 게 아니다.
가장 용서하기 어려운 사람에 대한
미움을 훌훌 떨쳐 버리는 것이다.
용서하고 분노를 놓음으로써
병을 녹여 없앨 수 있다.
심지어 암세포마저도.

Dis-ease breeds
in unforgiveness.
Forgiveness has nothing to do
with condoning behavior.
The very person you find it
hardest to forgive is often the one
you need to let go of the most.
I have found that forgiving
and releasing resentment
will help to dissolve even cancer.

치유 에너지 2

나는 기적을 끌어당기는 자석이다

바로 오늘, 전혀 기대하지 않았던 좋은 일이 나에게 찾아온다. 나는 규칙과 구속, 한계를 초월한다. 내가 의식을 바꾸자 나에게 기적이 일어난다. 병원마다 영적으로 각성되었거나 영적인 치료를 하는 의료인들이 점점 늘어나고 있다. 어디에 있든지 나는 이런 사람들을 끌어당긴다. 모든 것을 사랑하고 수용하는 나의 의식은, 마치 자석처럼 작용하여 매 순간 온갖 기적들을 끌어당긴다. 내가 가는 곳마다 치유하는 에너지가 감돈다. 치유의 에너지는 그 곳에 있는 모든 사람들을 축복하며 그들에게 평화를 안겨준다. 진실로 그렇다.

모든 질병에는
우리가 배워야 할 교훈이 있다.

Every illness holds
a lesson for us to learn.

치유하는 손

내 손은 강력한 치유 도구다

아픈 데를 손으로 어루만지는 행동은 정상적이고 자연스러운 일이다. 그런 행동은 아주 먼 옛날부터 오늘에 이르기까지 언제나 존재했다. 우리 몸 어딘가가 불편하거나 아프면 사람들은 저절로 그 부위를 어루만진다. 그러면 한결 기분이 나아진다. 손으로 몸을 어루만지며 스스로에게 에너지를 불어넣어보라. 그러기 위해서는 먼저 심호흡을 해야 한다. 숨을 내쉬면서 긴장을 누그러뜨리고, 다시 내쉬면서 두려움을 내보내고, 다시 내쉬면서 분노와 고통을 몸에서 내보내라. 반대로 숨을 들이마시면서 사랑이 내 가슴으로 흘러들어오게 하라. 마음을 활짝 열고 내 몸 안으로 들어오는 사랑을 맞이하라.

내 몸은 치유 에너지를 어디에 어떻게 써야 할지 정확하게 알고 있다. 내 가슴에서 빛나는 사랑의 빛을 보라. 아름답고, 아름답고, 아름다운 사랑의 빛! 그 사랑의 빛이 가슴에서 흘러나와 두 팔을 거쳐 양손까지 넘쳐흐르도록 하라. 자비로움과 지혜, 보살핌을 머금은 그 빛이 '나'라는 존재를 관통한다. 이제 내가 온전해지고, 치유된 것을 보라. 내 손의 치유력은 이렇게 강력하다. 나는 사랑받을 자격이 있다. 나는 평화를 누릴 자격이 있다. 나는 안전하게 살 자격이 있다. 나는 보살핌받을 자격이 있다. 마음을 열고 이 진실을 받아들여라. 진실로 그렇게 될 것이다.

겉으로 드러난
증상만을 치료하려고 하지 마라.
병의 원인을 제거해야 한다.
병의 근원인
마음속까지 살펴야 한다.

We need to do more than
just treat the symptom.
We need to eliminate
the cause of the dis-ease.
We needs to go within ourselves
where the process of illness began.

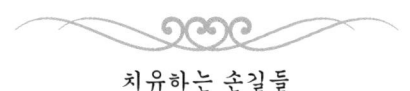

치유하는 손길들

나를 만지는 손은 모두 '치유하는 손'이다

나는 소중한 존재다. 나는 온 우주의 사랑을 받는다. 내가 스스로를 더욱 사랑할수록, 우주도 더욱 큰 사랑으로 나를 비춰 준다. 나는 우주의 힘이 어디에나 있으며, 모든 사람에게 있고, 만물에 존재한다는 것을 안다. 사랑하고 치유하는 우주의 힘은, 나를 치료하는 의료진을 통해서 나에게 이른다. 그리하여 내 몸을 어루만지는 모든 의료진에게도 사랑하고 치유하는 능력을 준다. 나는 치유의 능력이 고도로 발달된 사람을 자석처럼 끌어당긴다. 또한 나를 치료하는 의료진이 영적으로 발전하고, 의료적으로 보다 발전할 수 있도록 이끈다. 의사와 간호사는 나와 한 팀이 되어 병을 치료하면서 자신들의 능력에 놀라워 한다.

우리 한 사람 한 사람은
지금 이 순간에도 최선을 다하고 있다.
물론 우리가 더 잘 알고,
더 많이 알고,
더 충분히 이해했다면
다른 방식으로 최선을 다했을 것이다.

Each of us is doing the very best
we can at this very moment.
If we knew better,
if we had more understanding and awareness,
we would do it differently.

행복한 생각

칭찬

나는 언제나 모든 일에 적합하다

자신을 칭찬하라. 자신이 얼마나 훌륭한 존재인가를 말하라. 자신이 잘못되었다고 탓하지 마라. 뭔가 새로운 일을 할 때 자신을 나무라며 들볶지 마라. 처음부터 전문가인 사람은 없다. 칭찬하라. 어떤 방법이 효과적이며, 어떤 방법이 효과적이지 않은지 배워라. 다음에 새로운 일이나 다른 일을 할 때, 뭔가를 이제 막 시작하려고 할 때 혼자만의 힘으로 해낼 수 있을 것이다.

잘못된 일에 대해 스스로에게 잔소리하지 말고, 잘한 일에 대해 말하라. 자신을 칭찬하라. 다음번에 그 일을 할 때는 정말 잘하고 있다는 기분이 들도록 자신을 추켜세워라. 일을 하면 할수록 더욱, 더더욱 나아질 것이다. 얼마 지나지 않아서, 새로운 업무 기술이 몸에 배게 될 것이다.

여기저기를 기웃거리며
모든 친구를 치유하려고 들지 마라.
자신의 마음이나 잘 다스리고 치유하라.
그것이 다른 어떤 일보다도
주위 사람들에게
좋은 일을 하는 것이다.

Don't run around
and try to heal all of your friends.
Do your own mental work
and heal yourself.
This will do more good
for those around you than anything else.

타인

나는 다른 사람을 있는 그대로 받아들인다

다른 사람에게 변화를 강요할 수는 없는 일이다. 우리가 단지 긍정적인 분위기를 만들어서 누군가가 스스로 변하고자 할 때 언제든 변할 수 있도록 가능성을 만들어줄 수 있을 뿐이다. 내가 다른 사람을 대신하여 변화하거나, 다른 사람을 강제로 변화시킬 수는 없는 노릇이다. 세상에 태어난 사람들은 누구나 자기 나름의 과제를 완수해야 한다. 만일 내가 다른 사람을 대신해서 그 일을 한다고 해도, 그들은 같은 일을 다시 한번 되풀이해야 한다. 왜냐하면 그들 스스로 해야 하는 일인데, 그 일을 하지 않은 것이기 때문이다.

우리가 할 수 있는 건 오로지 그들을 사랑하는 일뿐이다. 타인에게 뭔가를 강요해서는 안 된다. 다른 사람은 그냥 다른 사람의 길을 가도록 내버려 두라. 진리는 내 안에도 있지만 그들 안에도 있다. 언제든 그들이 스스로 원하기만 한다면 변화할 수 있다는 것을 명심하라.

긴장을 풀고, 인생을 즐기라.
내가 꼭 알아야 할 것은
가장 완벽한 시간과 장소에서
저절로 알게 되리라.

Relax and enjoy life.
Know that whatever you need to know
is revealed to you
in the perfect time and space sequence.

편안해지기

나는 평화롭다

오늘 나는 새 사람이 된다. 긴장을 풀고 편안해진다. 나를 압박하는 모든 생각에서 자유로워진다. 어떤 사람도, 어떤 장소도, 어떤 것도 나를 짜증나게 하거나 화나게 할 수 없다. 나는 평화롭다. 나는 내 사랑과 지혜가 실현되는 세상에서 살고 있는 자유로운 사람이다. 나는 세상 그 어느 것과도 반목하지 않는다. 내 삶의 질을 개선해 줄 모든 것을 환영한다. 나는 말과 생각을 내 미래를 빚는 도구로 사용한다. 자주 감사하다고 표현할 것이며, 어떤 것에든 감사할 준비가 되어 있다. 나는 편안하다. 나는 평화로운 삶을 누리고 있다.

겁내지 말고 내면을 들여다 보라.
더 깊이 들여다 볼수록
내 안에서
믿기지 않을 정도로 아름다운 보물을
발견하게 될 것이다.

It is safe to look within.
Each time you look deeper
into yourself,
you are going to find
incredibly beautiful treasures within you.

평화

나는 평화의 중심에 있다

나를 움직일 수 있는 것은 오로지 나 자신뿐이다. 외부 세계가 나를 좌지우지할 수 없다. 나는 진정한 창조가 이루어지는 나의 내면세계를 수호한다. 내면세계의 평화를 위해 필요한 모든 일을 할 것이다. 내적인 평화는 내 건강과 안녕을 유지하는 데 절대적으로 중요하다.

눈길을 내면으로 돌리면 거기에 지극히 고요하고 평온한 공간이 있다. 빽빽한 숲과 푸른 풀밭으로 둘러싸인 평화롭고 깊고 조용한 연못을 보듯이, 내면을 지그시 바라본다. 포근한 흰 구름 위에 누워 부드러운 손길을 받는 것 같다. 내 의식을 부드럽게 감싸며 감미로운 음악 소리가 들린다. 나는 내면에서 평화를 찾았고, 나는 창조가 이루어지는 순수하고 고요한 평화의 중심에 있다. 나는 평화 한가운데서 살고, 행동하며, 삶을 경험한다.

내가 내적인 평화의 중심에 머물고 있기 때문에, 나의 외부 세계도 평화롭다. 다른 사람들이 서로 반목하더라도, 내게는 아무런 영향을 끼치지 못한다. 스스로 평화롭기를 선언했으므로, 광기가 내 주위를 에워싸고 있을지라도 나는 침착하며 평화롭다. 우주는 위대한 섭리와 평화 그 자체이며, 내 삶의 모든 순간에 위대한 섭리와 평화가 깃들어 있다. 저 하늘에 떠 있는 별이나 행성은 궤도를 질서정연하게 유지하느라 근심하거나 불안에 떨지 않는다. 우주의 섭리와 평화가 깃들어 있기 때문이다. 마찬가지로 어떤 혼란스러운 생각도 나라는 평화로운 존재에 영향을 미치지 못한다. 나는 평화 그 자체다.

새날이다.
새롭게 시작하고
새롭게 선언하라.
모든 좋은 것들을 창조하라.

This is a new day.
Begin anew to claim and create
all that is good.

표현 1

나는 '진정한 나'를 표현한다

나는 '유일한 정신'인 근원적인 생명을 나눠 가졌기에 내 안에 신이 존재한다는 것을 알며, 내게 신의 권능이 있다는 것도 안다. 또한, 내 안에 있는 신의 권능으로 내가 갈망하는 모든 것을 가져올 수 있다는 것도 안다. 나는 나에게 필요한 모든 것을 달라고 신성한 정신에게 자신 있게 요구한다.

세상 만물이 그 자체로 '신의 표현'이라는 걸 알기에, 나는 모든 것을 조건 없이 사랑한다. 내 안에 머무르는 신성神性과 신성을 표현하는 내가 기쁘게 조화를 이루며 삶을 살아간다. 영적인 지혜와 그에 대한 이해력이 커질수록, 나는 '진정한 자아'가 가진 내적 아름다움과 힘을 더 풍부하게 표현할 수 있다.

내가 겪는 경험에는 늘 신의 섭리가 함께하며, 내가 어떤 일을 하든지 시간은 모자람 없이 충분하다. 다른 사람과 일을 할 때, 나는 신성이 인도하는 대로 지혜와 이해와 사랑을 전한다. 내 의식이 영적으로 풍요로운 것처럼, 나는 '진정한 나'를 풍부하게 표현할 수 있다. 내가 하는 일을 통해 '신성한 정신'이 창조적인 에너지를 표현한다. 재미있으면서도 한껏 고양된 생각이, 내 의식을 타고 온몸에 퍼져 즐겁고 유쾌하게 표현된다. 나는 내 모든 능력을 동원하여 나의 가슴 벅찬 감동을 충분히 표현한다.

내가 원하는 방식대로
나 자신을 표현하는 것은
날 때부터 타고난 권리다.

It is your birthright
to express yourself in ways
that are fulfilling to you.

표현 2

나는 내가 누구인지 마음껏 표현한다

나는 참으로 축복받은 존재다. 내게는 마음껏 '나 자신'이 될 수 있는 기회, 진정한 나를 있는 그대로 표현할 수 있는 근사한 기회가 나에게 열려 있기 때문이다. 나는 우주의 아름다움과 기쁨 그 자체이기에, 마음껏 표현하고 또 마음껏 받아들일 수 있다.

나는 신이 내린 정직함과 정의감에 둘러싸여 있다. 따라서 나는 신성한 섭리에 따라 모든 일이 일어나며, 그 결과가 무엇이든 간에 모두에게 완벽한 일이 되리라는 걸 안다. 나는 나 자신을 창조한 바로 그 힘과 완벽한 하나다. 나는 정말 굉장하다. 내가 존재한다는 진실 그 자체만으로도 기쁘다. 나는 있는 그대로 받아들이며, 또 있는 그대로 내버려 둔다. 그렇게 존재할 것이다. 바로 지금 여기, 내가 살고 있는 놀라운 세상에서는 모든 일이 순조롭다. 진실로 그렇다.

원치 않는 일에 마음을 쓸수록,

원치 않는 일이 더 많이 찾아온다.

The more we dwell on what we don't want,
the more we get it.

풍요

나는 언제나 긍정한다

나라는 존재는 근원적인 생명으로 가득 차 있다. 무한한 지혜가 나를 감싸고 있고, 내 안에도 스며들어 있다. 나는 물심양면으로 나를 지원하는 이 우주를 전적으로 의지하며, 나를 온전히 맡긴다. 나는 근원적 생명에 의해 창조되었으며, 내 소망을 펼치기 위해 세상에 태어났다. 무슨 일이든 내가 원하는 것은 이미 이루어지기를 기다리고 있다.

이 땅에는 아무리 먹어도 남을 만큼 먹을 것이 넘치고, 아무리 써도 다 쓰지 못할 만큼 많은 돈이 널려 있다. 아무리 만나도 다 만나지 못할 만큼 많은 사람들이 살아가고, 아무리 사랑해도 다 경험하지 못할 만큼 많은 사랑이 기다린다. 이 세계는 내가 원하고 바라는 것을 모두 지니고 있다. 모두 내 것이니 내 마음껏 쓰고 가질 수 있다.

한계 없는 하나의 마음, 한계 없는 하나의 지성은 나에게 언제나 "그래, 좋아!"라고 말한다. 내가 무엇을 믿건, 무엇을 생각하건, 무엇을 말하건 우주는 언제나 "그래, 좋아!"라고 말한다. 나는 부정적인 생각이나 부정적인 일로 시간을 낭비하지 않는다. 나는 긍정적인 것에 초점을 맞춘다. 나는 긍정적인 방식으로 나 자신과 삶을 바라본다. 그러므로 나는 행운의 순간이나 번영의 징조가 찾아왔을 때 "그래 좋아!"라고 말하며 긍정적으로 받아들일 것이다. 나는 좋은 것이면 그게 무엇이든 긍정할 것이다. 나는 긍정적인 우주에 응답하고, 긍정적인 세상에 사는, 긍정적인 사람이다. 나는 우주의 지혜와 하나가 된 사람이다. 바로, 지금, 여기에 내가 즐길 모든 것이 있음을 신에게 감사한다.

지금까지
내가 나와 주위 사람들을 비난하고
삶을 부정적으로 바라보는
부정적인 인간이었다면,
이제부터 방향을 바꾸어
사랑하며 사는 사람이 되기까지
시간이 걸릴 것이다.
그러니 인내하라.
빨리 변화하지 않는다고 해서
스스로에게 화내지 마라.

If you have been a very negative person
who criticizes yourself and everyone else
and sees life through very negative eyes,
then it is going to take time
for you to start turning around and become loving.
You need to be patient with yourself.
Don't get angry with yourself
because you are not doing it fast enough.

한계

나는 풍요롭고 충만한 인생을 살아갈 것을 선언한다

이제부터 내가 바라는 온갖 유익함을 가로막는 부정적인 신념을 버릴 것이다. 내 마음속에 있는 부정적인 생각의 패턴을 씻어 내고, 지우고, 버릴 것이다. 의식을 유쾌하고, 긍정적이며, 모든 일에 감사하는 패턴으로 바꿔서 건강해지고, 풍요로워지며, 사랑을 주고받으며 살 것이다. 상실에 대한 불안, 어둠에 대한 공포, 상처에 대한 두려움, 나 자신을 비난하고 무시하는 마음 등등 내 의식에 끈질기게 붙어 있는 부정적인 생각의 패턴을 모두 날려버릴 것이다. 이제부터 나는 인생에서 좋은 일이 벌어지도록 허용할 것이다. 온갖 좋은 일을 거리낌 없이 받아들일 것이다.

나는 선언한다. 내 인생에서 풍요로움과 번영이 흘러넘친다. 나를 둘러싼 세상의 모든 것이 평화롭고, 생기 넘치며, 충만하다. 나는 이 모든 것을 누릴 자격이 있다. 나는 이 모든 것을 영원히 누릴 것이다. 나는 근원적인 생명과 하나며, 따라서 천지만물의 공동 창조자다. 내 앞에는 모든 가능성이 활짝 열려 있다. 나는 이러한 사실에 큰 기쁨을 느낀다. 진실로 그렇다.

알아차려라.
지금 이 순간 무슨 생각을 하고 있는지.
그 생각으로 미래를 창조하고 싶은가?
그 생각은 부정적인가, 긍정적인가?
자신의 생각을
알아차리고 인식하라.

Notice what you are thinking
at this moment.
Do you want this thought
to be creating your future?
It is negative or positive?
Just notice and be aware.

한계를 넘어서기

나는 내 안에 있는 모든 가능성을 경험한다

모든 가능성이 열려 있다는 말은 우리에게 어떤 의미일까? 그것은 모든 것에 한계가 없다는 뜻으로 해석할 수 있다. 우리는 한계를 초월해서 생각하고 마음먹을 수 있다. 자신이 평소에 여기까지가 한계라고 생각했던 선을 뛰어넘어서 사고해 보라. "이건 할 수 없어", "이건 이루어지지 않을 거야", "이것으로는 충분하지 않아", "이게 나를 가로막고 있어"라는 한계를 긋지 말고 생각해보라는 뜻이다.

우리는 얼마나 자주 자신의 가능성에 한계를 긋고 있는가? "나는 여자니까 할 수 없어" 또는 "나는 남자니까 할 수 없어", "나는 배운 게 없어서 할 수 없어" 이렇게 한계를 긋지는 않는가? 그런 조건들이 중요하다고 생각하기 때문에, 우리는 한계에 집착한다. 그러나 그런 생각의 한계를 가지는 한 우리는 자신이 가진 가능성을 제대로 발휘할 수 없다. 자신이 경험하고 표현할 수 있는 일조차 못 하게 스스로를 가로막는 것이다. "나는 할 수 없어"라고 말할 때마다 스스로에게 한계를 만드는 것이다.

지금 나는 스스로 한계라고 여기는 선을 뛰어넘을 마음의 준비가 되어 있는가?

우리는 내면에 있는
욕구를 충족시키기 위해
습관을 만들고 문제를 일으킨다.
우리가 내면의 욕구를
긍정적인 방식으로 충족시킬 수 있다면
우리는 문제에서 해방될 것이다.

We create habits and problems
to fulfill a need within us.
When we can find a positive way
to fulfill the need,
we can release the problem.

해결책

모든 문제에는 해결책이 있다

문제가 있는 곳에 해결책도 있다. 때때로 인간의 마음은 '이 문제는 도무지 해결할 길이 없어' 하고 포기하기도 하지만, '진정한 나'는 그런 사고에 제한받지 않는다. 진정한 나는 온 우주의 지혜와 정보에 연결되어 있기 때문이다. 나는 영원한 사랑에서 비롯된 존재이기에 장애물에 부딪쳤더라도 낙심하지 않는다. 닫혀 있는 인생의 문을 사랑이 열어 주리라는 것을 믿는다. 나에게 연결되어 있는 '우주의 힘'은 내가 위기를 극복할 수 있도록 도우려고 만반의 준비를 갖추고 있다.

나는 '모든 문제는 이 세상 어디에선가 해결된 적이 있다'는 사실을 알고 있다. 이런 일이 내게도 일어날 수 있다는 것을 알고 있다. 그러므로 인생을 살면서 어떤 문제에 부딪치든 반드시 해결할 수 있는 길이 있다. 영원한 사랑의 캡슐이 나를 감싸고 있기에 어떠한 상황에서도 나는 안전하다. 나를 둘러싼 세상도 마찬가지다.

'사람이라면 누구나 도와가며 살아간다'
라고 믿는다면,
살아가면서 어디서든
어떤 상황에 처하든
다른 사람들의 도움을 받게 될 것이다.

If you choose to believe:
"Everyone is always helpful,"
you will find that where you go in life,
people are there to help you.

협력

우리 각자는 조화로운 전체의 한 부분이다

우리 한 사람 한 사람은 모두 '유일한 정신'의 다양하고도 조화로운 표현이다. 우리가 더불어 살아가는 이유는 서로에게서 배울 게 있기 때문이다. 그것이 우리가 더불어 사는 목적이다. 이 목적을 두고 서로 다투거나, 시기하거나, 헐뜯을 필요는 없다. 우리는 서로의 경험을 통해서 배우고, 자신을 이롭게 할 수 있도록 마음을 열어 놓으며, 스스로를 사랑하기만 하면 된다. 우리는 삶의 모든 분야에서 조화롭게 살아가기 위해 서로서로 협력한다.

우리가 하는 모든 일은 사실상 한 가지 진리에 바탕을 두고 있다. 그것은 근원적 생명의 진리이며, 나라는 존재의 진리다. 바르고 신성한 지혜가 매 순간 우리를 이끌고 있다. 우리는 항상 적절한 순간에 적절한 말을 하고, 적절한 절차에 따라 적절하게 행동한다.

우리 한 사람 한 사람은 모두 조화로운 전체의 한 부분이다. 우리는 기꺼이 서로 협력하고, 왕성하고 생산적인 방식으로 서로를 돕고 격려하는 과정을 통해서 각자가 가진 신성한 에너지를 교환한다. 우리는 인생과 직업 모두에서 성공을 거둔다. 우리는 다른 사람들과 더불어 건강하고, 행복하며, 사랑하고, 즐겁고, 존경하고, 협력하며, 평화롭다! '유일한 정신'은 이런 사랑의 방식으로 모든 일을 도모하며 놀라운 기적을 이룬다. 그러므로 그렇게 되도록 하면, 진짜 그렇게 될 것이다. 반드시 이루어진다!

깊고 편안한 호흡으로
마음속에 있는 저항감을 떨쳐버려라.

Take a nice and deep breath
and release the resistance.

흘려보내기 1

나는 조건부적인 욕구를 기꺼이 버린다

모든 부정적인 신념에서 벗어나겠다고 선언하라. 그 부정적인 신념이 잠재의식 속에 얼마나 오랫동안 자리를 잡아왔든지 상관없다. 현재 내 인생에서 부정적인 결과를 초래하는 원인이 되는, 그 의식 패턴을 완전히 버리겠노라고 선언하라. 모든 조건부적인 욕구를 기꺼이 버리겠노라고 선언하라. 조건부적인 욕구가 시들어 사라지면, 원래 자신이 태어났던 '무無' 속으로 녹아 들어간다는 것을 알아차려라. 나는 더 이상 낡은 쓰레기를 몸에 짊어지고 다니지 않는다. 나는 자유롭다. 진실로 그렇다.

나는 얼마나 자주
어제 쌓인 '마음의 쓰레기'를 가지고
내일의 경험을 빚어내는가?
정기적으로 마음속을 청소하여
내게 더 이상 맞지도, 필요하지도 않은
쓰레기더미를 내다버릴 필요가 있다.
대신에 내게 긍정적이며
훌륭한 자양분이 되어주는 생각을
더 자주 끄집어내야 한다.

How often do you go into
yesterday's mental garbage
to create tomorrow's experiences?
You need to periodically do
some mental housecleaning
and toss out the old rubbish,
or the things that no longer suit you
or on longer fit you.
You want to polish those ideas
which are positive and good
and that nourish you and use them more often.

행복한 생각

흘려보내기 2

나는 편안한 마음으로 나의 과거를 흘려보낸다

이제 낡고 고통스러운 '기억의 문'을 닫아라. 오랜 상처로 얼룩진 독선적인 '양심의 문'도 닫아라. 지난날 상처받고 서러움에 복받쳤던 기억이 있을 것이다. 용서하기 힘들고, 심지어 떠올리기조차 싫은 경험도 있을 것이다. 고통스러운 과거의 기억을 대면하게 될 때는 이렇게 자문하라. "도대체 언제까지 이 일에 매달려 있을 것인가?" "과거에 아픈 상처가 있었다고 해서, 언제까지 그 일로 괴로워할 것인가?" 그런 다음에는 눈을 감고 마음속으로 청량하게 흐르는 시냇물을 떠올려 보라. 졸졸 흐르는 그 시냇물에 지난날의 아픔과 상처, 회한, 수치심, 서러움을 던져라. 이제 나의 기억은 시냇물을 따라 아래로, 아래로 흘러내려 가다가 마침내 이리저리 흩어져서 흔적도 없이 사라질 것이다. 그것을 끝까지 지켜 보라. 나에겐 지난날의 기억을 흘려보낼 수 있는 능력이 있다. 나는 자유롭다. 진실로 그렇다.

옮긴이의 말

내가 처음 이 책을 대하며 가장 매력적으로 느낀 부분은 독특하면서도 간명한 형식미다. 짧은 명사형으로 된 제목 아래 왼쪽 페이지에는 그 주제에 해당하는 잠언 또는 경구가 실려 있고, 오른쪽 페이지에는 거기에 맞는 '자기 선언문'이 뒤따른다. 그 제목은 '분노'가 되기도 하고, '가족'이 되기도 하고, '돈'이 되기도 하며, '직장'이 되기도 한다.

그것은 모두 우리가 사로잡혀 있는 것, 늘 전전긍긍하는 것, 가장 추구하는 것이면서 동시에 회피하는 것이다. 이 책을 쓴 작가 루이스 L. 헤이가 고른 백여 개의 주제는 모두 우리의 강렬한 관심사를 대변하는 것이면서, 우리가 매 순간 일상에서 경험하는 것들이다. 그러기에 나 역시 각각의 주제를 읽어 내려가는 느낌이 남달랐다. 제목을 대하는 순간, '과연 작가가 이 주제를 어떻게 풀어 나갈까?' 하는 궁금증이 일었고, 그와 더불어 관련된 개인적인 기억이나 해묵은 감정이 반사적으로 떠올랐다.

이를테면 '분노'라는 주제에 딸려 나온 "분노는 방어 기제다. 우리는 두렵기 때문에 방어하는 것이다"라는 경구를 보고서, 얼마 전 가족에게 화를 냈던 내 모습을 다시금 떠올리지 않을 수 없었다. 분노는 자연스러운 감정 표현 가운데 하나지만, 우리가 불필요할 정도로 많이 화를 내는 데는 거기에 두려움이 작용하기 때문이다. 재미있는 것은, 그것이 대체로 '사랑을 잃을지도 모른다'는 두려움일 때가 많다는 점이다. 그러고 보면, 우리는 얼마나 어리석은가. 사랑을 잃을지도 모른다는 두려움 때문에, 결과적으로 사랑을 잃게 만드는 행동을 하게 되니 말이다.

'직업'이라는 주제도 흥미로웠다. 여기에 대해 루이스 L. 헤이는 말한다. "다른 사람의 성공을 기뻐하고 축하하라. 성공은 모든 사람에게 돌아가고도 남을 만큼 넉넉하니까." 얼마나 통쾌한 표현인가. 물질적인 세상에서 살아가다 보니, 우리는 이제 상상력마저 물질적으로 변해 '성공'을 마치 일정한 규격과 부피를 가진 초콜릿 케이크처럼 생각하는 경향이 있다. 즉, 누군가가 잔뜩 먹어치우면 내가 먹을 수 있는 양은 줄어들고 만다. 하지만 루이스 헤이는 이런 어리석은 생각을 유머러스한 화법으로 툭 걷어찬다. 어리석은 불안과 질투심의 속박으로부터 우리를 해방시킨다.

이처럼 《행복한 생각》을 읽다 보면, 자신과 자신의 인생을 질식시켰던 어리석음에서 벗어나 숨통이 탁 트이는 지혜를 맞닥뜨리는 경이로운 순간들을 만나게 된다. 그렇다고 해서 선문답처럼 어렵거나, 도덕 교과서적인 해결책으로 독자를 질겁하게 만들지도 않는다. '영성'이라는 분야를 전혀 모르는 초심자에게도, 그리고 '영성' 분야의 책을 꾸준히 읽어온 베테랑(?) 독자에게도 모두 그 나름대로 사색의 즐거움과 깨달음의 기쁨을 안겨 줄 것이다. 그것은 인생에 대한 깊이 있는 통찰력을 쉬운 언어와 간결한 메시지로 정리해낸 루이스 L. 헤이의 공로다.

루이스 L. 헤이는 영성 분야의 세계적인 베스트셀러 작가로서 우리나라에도 이미 여러 권의 책이 소개되었다. 하지만 미국에서 그녀의 위치는 비단 작가의 영역에만 한정되지 않는다. 영성 운동의 기수로서 대표적인 여성 활동가로 손꼽히며, 사람들에게 영성과 대안적인 삶을 알리는 책을 펴내기 위해 출판사 '헤이 하우스 Hay House'와 '헤이 재단(The Hay Foundation)'을 설립하여 왕성한 활동을 해오고 있다. 특히, 1988년에 〈오프라 윈프리 쇼〉에 출연한 일은 새로운 '뉴에이지 구루'로서 그녀의 이미지를 전 세계에 각인시키는 결정적인 계기가 되었다. 그것은 아마도 그녀 자신이 어릴 적에 성적 학대를 받아 비참한 인생을 살았고, 이어 말기 암에까지 걸려 죽을 고비를 여러 차례 넘기면서 도달한 힘찬 지혜의 메시지였기에 더욱 강한 울림을 주었을 것이다.

이 책의 메시지를 하나로 압축한다면 이런 말이 될 것이다. '당신의 신념이 당신의 인생을 만든다.' 그러므로 우리의 생각과 신념을 하나하나 돌아 보고, 그것을 행복하고 건강한 것으로 바꾸면 인생이 바뀔 거라고 작가는 제안한다. 맞는 말이다. 우리 마음속에 '행복한 생각'이 실현되면, 그것은 저절로 우리 인생을 행복으로 물들이게 될 것이다. 마치 아기가 환한 미소를 지으면, 그걸 보는 엄마의 입가에도 똑같은 미소가 그려지는 것처럼.

어느새 한 해가 저물고 새해가 가까워 온다. 텅 빈 도화지에 새로운 꿈을 마음껏 그려볼 수 있는 순간이다. 이런 시기에 《행복한 생각》이 독자들을 만나게 된다니, 얼마나 근사한 일인가. 해묵은 습관과 낡은 고정관념, 찌든 선입견을 쓰레기통에 던져 넣고, 우리 스스로에게 새롭게 생각하는 법과 새롭게 꿈꾸는 법, 새로운 습관을 들이는 법을 가르쳐야 할 시점이다. 부디 새롭게 생각하기 위해, 새롭게 꿈꾸기 위해, 그리고 새롭게 태어나기 위해 이 책을 읽으시라.

지은이 | 루이스 헤이 Louise L. Hay
'영성' 분야의 세계적인 베스트셀러 작가이며 대표적인 여성 활동가다. 1981년부터 심리 치료 전문가로서 인간이 가진 창조적인 잠재력을 일깨워 사용하는 방법을 알려줌으로써 수많은 개인의 성장과 자기 치유를 도왔다. 영적인 영감과 지혜를 일깨워 주는 그녀의 책은 35개국에서 29개의 언어로 출간되었으며 전 세계 독자로부터 사랑받고 있다. 2008년에는 그녀의 사회적인 공헌을 인정받아 여성총회로부터 '미네르바 어워드'를 수상했다.
저서로 《치유 : 있는 그대로의 나를 사랑하라》 《힘은 당신 안에 있다》 《I Can Do It》 《Empowering Women》 등이 있다.

옮긴이 | 구승준
대학에서 영문학을 전공했으며 졸업한 후 여러 잡지에서 기자와 편집장으로 일했다. 현재 전문 번역가로서 다양한 번역 작업을 하고 있다. 옮긴 책으로는 《사랑의 연습》 《완전한 삶》 《나라는 브랜드를 사랑하라》 《아주 단순한 지혜》 《화내는 부모가 아이를 망친다》 등이 있다.

Heart Thoughts-A Treasury of inner Wisdom By Louise L. Hay
Copyright ⓒ 1991 by Louise L. Hay
Original English language publication 1991 by Hay House, Inc., California USA.

Korean translation copyright ⓒ 2009 Hanmunhwa Multimedia Inc.,
This Korean edition published by arrangement with Hay House, INC. c/o InterLicense, Ltd. USA through Yu Ri Jang Literary Agency, Korea.

이 책의 한국어판 저작권은 유리장 에이전시를 통해 저작권자와 독점 계약한 한문화에 있습니다. 신 저작권법에 의해 한국 내에서 보호를 받는 저작물이므로 무단 전재와 무단 복제를 금합니다.

행복한 생각 Heart Thoughts

초판 1쇄 발행 2009(단기 4342)년 12월 16일
초판 6쇄 발행 2021(단기 4354)년 10월 5일

엮은이·루이스 L. 헤이
옮긴이·구승준
펴낸이·심남숙
펴낸곳·(주)한문화멀티미디어
등록·1990. 11. 28. 제 21-209호
주소·서울시 광진구 능동로 43길 3-5 동인빌딩 3층 (04915)
전화·영업부 2016-3500 편집부 2016-3507
http://www.hanmunhwa.com

편집·이미향 강화정 최연실 | 기획 홍보·진정근 | 디자인 제작·이정희
경영·강윤정 조동희 | 회계·김옥희 | 영업·이광우

만든 사람들
책임 편집·최연실 | 디자인·이정희

ISBN 978-89-5699-092-7   03840

잘못된 책은 본사나 서점에서 교환해 드립니다. 저자와의 협의에 따라 인지를 생략합니다.
본사의 허락 없이 임의로 내용의 일부를 인용하거나 전재, 복사하는 행위를 금합니다.